困境用
溫柔面對
幸福要
微笑尋回

給每一個相信希望
不願輸給自己的你我他

課 題

Becky

出生於台灣基隆，從小在加拿大溫哥華的白人家庭中寄宿長大，學生時代為了愛玩但礙於生活費有限又不想當伸手牌，於是想盡辦法打工就為了替自己多掙些零用錢，餐廳服務生、廚房助理、廁所清潔打掃、中英家教、作業代寫……都做過，甚至每年暑假返鄉完要回加拿大時都會偷偷拜託阿公幫我買長壽香菸放在行李箱裡，帶回去轉賣給白人同學，因為他們都覺得這款香菸包裝設計很有東方味，而且抽起來的菸草味道特別濃烈。

　　多年累積下來的這些各式各樣五花八門的打工經驗，讓我覺得工作比讀書有趣多了，於是畢業後便迫不及待想回台灣工作，絲毫不想浪費青春的分分秒秒，快速無縫接軌地轉換學生和社會新鮮人兩種身分，踏入節奏步調緊湊的職場生活。

　　與台灣多數的新鮮人一樣，懵懂寫下履歷後點擊滑鼠按鍵一一投遞有興趣的工作，接下來是等待面試的機會，表情生嫩、情緒緊張地面試了一家又一家，那幾年，我做過物流收發提單外派員、演唱會舞台空間設計和百貨時尚趨勢翻譯員，累積了一些工作經驗後選擇在日本東京居住，

進修日文，接下來長時間待在中國工作了一段日子，後來是因為閃電結婚而選擇在台北定居了下來。

結婚這件事，對當下的我是個突然發生的轉折情節，就這樣，一腳就踏入婚姻生活，而這段不被看好的閃電婚姻，我竟然也和老公攜手走了 11 個年頭，並且千辛萬苦地懷孕生下兒子，就在以為高低起伏的人生都經歷過後，竟然還有更戲劇化的轉變，讓我體悟一切歸零的課題。

面對困境一直是我的人生課題，可能上天覺得我的意志力過人，因此給我的考驗一題比一題難，要我在關關難過關關過之後記錄一切，將文字的力量轉化為療癒的力氣與大家分享。

我相信，生命中發生的一切，一定都有它存在的意義。

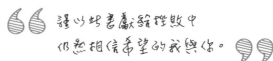

謹以此書獻給挫敗中
仍然相信希望的我與你。

001　課題

1 CHAPTER

失去，才是獲得的開始

010	徹底的完蛋了！
016	踏出舒適圈的勇氣
024	被困境逼著走
034	機會和命運
046	去巴黎流浪三個星期
054	一個人的旅行

2 CHAPTER

因為愛，人生更有動力

062	飛蛾撲火的愛
068	踏入歐洲寢具家飾的開始
076	為母則強的勇氣
084	一張白紙，一隻筆
092	帶孩子一起去旅行
104	持之以恆的習慣

目錄

CHAPTER 3　可怕的本身，並不可怕

112	去面對害怕
118	等一下
124	富足
128	壓力是學習的動力
132	善良是一種選擇
140	知識和閱讀可以在谷底時救你一把
146	信念的臨界點
152	爛好人就是對自己殘忍

CHAPTER 4　微笑吧，女子力

160	旅行的職業病
168	傳統市場教我的那些事
174	懂得簡約風格，連發呆都是享受
180	女人，妳值得把生活過得好
186	審美觀標準
190	女子很有力
196	對生活有感的換床單運動

CONTENTS

CHAPTER

1

失去，才是獲得的開始

01

徹底的
完蛋了！

　　事發突然，我人生中最爆炸性的劇情，就從一張支票開始——

　　在被銀行蓋了退票章後，民間債主第一時間從四面八方

湧上來，逼不得已的情況下只好做出決定，宣告公司必須暫停營業。才短短幾小時內，消息就快速竄進記者們耳裡，各大媒體新聞版面開始捕風捉影，移花接木的片面報導，瞬間在網路上煽風點火，被網友撻伐、被輿論圍剿，彷彿所有坐在螢幕前方的人都可以化身判官鐵血辦案評頭論足，把我傷得體無完膚。

因為媒體的影響渲染力，同時也加速了銀行作業流程，不管三七二十一，立即凍結所有關係人的帳戶，考驗在這一瞬間爆發，和時間賽跑是當務之急，只能用刪減法理出頭緒，害怕與不捨是那時最不需要的內在條件。

豬羊變色的人生關頭，每個抉擇和每場溝通都是艱難的考驗，耳裡聽到的話，眼裡看到的人事物，到底是能解決的辦法還是讓自身陷入另一個陷阱，都是未知數。也難怪有這麼多人喜歡求神問卜看運勢，在最彷徨的時刻，總希望能有個指引告訴無所適從的自己，該往左還是該往右走。

　　猶記得事發當日傍晚，眾多人馬相繼抵達辦公室，看著眼前公司裡和大樓外瞬間湧來眾多兄弟們來關照，我隱隱約約感到不安，察覺事有蹊蹺，但情況發生得突然，我先支開公司所有同事，讓他們都安全地先回家，接下來面對這些兄弟們，就是一連串的考驗。

　　我猶記得那時的畫面片段，看著人手一根香菸吞雲吐霧，整個辦公空間瞬間煙霧裊裊，瀰漫濃烈的煙草味，他們豪邁地嚼著檳榔，對談之中偶爾不慎有幾滴血紅色檳榔汁噴到辦公桌，天生愛乾淨而且一絲不苟的我，頻頻忍住想伸手拿衛生紙把它擦乾淨的衝動，也只能無奈。

　　情況緊急的狀態下我只能先分辨事情的輕重緩急，逐一做出抉擇。身處在一個險惡的天翻地覆環境當下，連面對伸手救援的人，來者是何人？是善是惡？都是未知數，衝突、挑釁、憤怒、嫉妒、絕望，多重的情緒下我曾產生否定自我的念頭，甚至想屈服，日日這樣來回反覆，不斷地

內心交戰，急需一盞明燈指引出路。

　　若問當下的我，接下來有什麼計畫和打算，我絕對答不出一個字眼，因為那時的我連隔天會發生什麼事都沒有把握，就這樣一步步徘徊在瀕臨絕境、毫無收入的囧境，我唯一能相信的就是自己不變的信念。

　　我告訴自己：別怕！曾經奠定的豐厚知識和累積的經驗值，是唯一可以救我自己的籌碼。

　　然後，我又告訴自己：冷靜下來，唯有保持冷靜，才能找到出路。

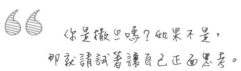你是撒旦嗎？如果不是，
那就請試著讓自己正面思考。

02

踏出舒適圈
的勇氣

勇氣，是什麼？

勇氣是一種難以用言語形容的心理因素，在不同的年紀、不同的人生階段，需要面對的課題不同，不過的確是在必

要時，跟事業線一樣，用力擠一擠就有了！

面對困境，我很感謝從小我就是這樣被丟到一個總是要硬著頭皮站起來的情境之中，然後哭著咬牙硬忍、再笑著站起來！

在 15 歲左右的年紀，一句英文也不會説，就被爸媽送上飛機，一個女孩子拎著一只行李箱，就這樣到了溫哥華機場，白人媽媽手上拿著一張寫著我英文名字 Becky 的名牌，站在機場入境口接機，彼此確認雙方身分無誤後，我就跟她回家同住一個屋簷下，直到高中畢業。

回想剛入學前半年，一句英文都説不出口，上課鴨子聽雷完全聽不懂，更慘的是，就算想哭訴和求救，也無法用英文表達情緒，更別説要交朋友以及跟人聊天了，那段時間的痛苦指數真的太虐心了！我是班上唯一一個連英文都不會的華人，每回課堂上老師宣布要分組，與班上同學們

一起討論、做研究，就是我最擔心恐懼的時刻，因為我永遠是班上同學們最不想要同一組的拖油瓶！

最後通常都是老師出面解決這樣的窘境，勉為其難把我分配給其中一組，這時在班上同學眼裡，我被視為魯蛇（loser）是無可厚非的事實，但在物理數科方面，我因為有台灣教育的底子，算是佔上風可以展現鋒頭，於是分班上數學課時我瞬間又成為超受歡迎的份子，從這樣在天壤之別的社交圈中我明顯察覺：「一個人若是要活得精采，必先找出自身的價值。」因為有這樣的交情，我漸漸走進同儕之間的生活圈，英文的底子也漸漸打好基礎，開始融入當地生活。

第二次再踏出舒適圈，學習陌生的語言，是畢業後回台灣踏入職場工作後的第二年。那時的我心中明白，踏入婚姻生活是遲早要發生的人生階段，若不趁著單身自由時刻出去看看外頭的世界，可能這輩子就再也沒有機會了！於

是我又拎著一只皮箱，隻身到了東京，報名了語言學校。

課程從最基礎的日文 50 音開始學起，開學第一天，日文老師發給班上同學每人一張測驗卷，檢測大家的日文程度，我盯著鬼畫符的考卷發呆放空了 30 分鐘，僅僅填上英文名字就交了白卷，我只想誠實地跟老師說：我就是一點日文都不會才要來這裡學的！

除了我之外，大部分同學都不這麼認為，每個來報名日語學校的同學，都已經有日文基礎才到學校上課，而且都希望自己能夠被分配到高階日文班，認為那是一種榮耀。別人怎麼認定學習語言的方式，其實不需要盲從，我清楚明瞭自己的目標是能開口講出日文就好。

語言學校下課後，多數的同學會拼命尋找同鄉人，一起去品嚐家鄉味美食，但只要有同學揪我，我多半會禮貌性回絕，因為我替自己報名了許多校外課程，與社區的日本

媽媽一起上料理課、運動課、插花課，一來是為了在短時間內快速學會日文，二來是因為日本媽媽們對待剛在學習日文的外國人通常比較親切，而且願意放慢講話速度，會捺著性子跟我說日文，教我日常對話用語，比起上課努力學日文、下課就講母語的同學，我用最殘酷的方式，把自己放在完全日文的最佳學習環境中，就這樣，熬過了最辛苦的前 6 個月日文基礎學習期，後來住在東京的日子就比較像是倒吃甘蔗，如魚得水地結交了好多日本朋友。

再一次學習異國語言，竟然意外地變成了法文，而且是在 21 天之內要學會開口說法文。

當時出發前往巴黎，其實只是為了協助公司洽談海外市場發展的機會，既然有 3 週的時間要待在巴黎，不如就順便學學當地的語言。要是能夠講上幾句法文，在巴黎就比較暢通無阻，因為法國人天生有種民族優越感，再流利的英文在巴黎就是會碰到軟釘子，雖然過去 10 年經常來往

巴黎旅居，法文頂多也就只學會「Bonjour（早安）」和「Merci（謝謝）」這2句，所以決定出發巴黎前的某一晚，我一邊上網訂機票，也順手給巴黎的法國朋友發了一封訊息，詢問住宿和學習法文的管道，沒想到朋友竟然回我：「來住我家！剛好可以跟我學法文！」

就這樣，在這3週內，我把自己完全丟進純法文的生活環境中，利用過去語言學習的經驗，21天後我真的能開口講法文，不管是上超市買菜或是去餐廳點餐，這些生活基本用語都沒問題了！

安於現況的生活容易讓人失去鬥志，或許某個程度來說會帶來幸福滿足感，但假如你跟我一樣天生血液裡流著一股不甘平庸的鬥志，不斷地尋求改變，在追求進取和奮鬥的過程中，一定會讓你感到快樂。千萬別讓自己選擇一條不甘平庸的道路，卻又過著一種安於現狀的生活，要知道，所有亮麗的成果背後可能都是無人知曉的努力和付出。

一個人若是要活得精彩，
必先找出自身的價值。

03

被困境
逼著走

　　那一段日子，我覺得自己已經走到人生的谷底低潮階段，也曾關閉過臉書與部落格，只想封閉自己並阻隔對外的任何聯繫，因為我內心對一切都感到絕望，完全喪失了自信，甚至開始懷疑曾經所做的每一個抉擇與始終堅持的溫良恭儉。

安靜沉澱的那段期間，讓我有時間可以審思，謙卑再謙卑地找尋過去無意識犯下的錯誤，並全心全意地專注探討生活的本質，修補曾經遺忘的關係互動，才知道原來我擁有的愛比想像中還要多，在我選擇重新再從零出發的時候，我收到無數封的加油打氣留言，那時的我開始明瞭，原來曾經堅持著用意志力走過的每一步，背後都暗藏許多靜悄悄的支持吶喊聲。

遇到這般困境的考驗，我倒是覺得那是看似令人畏懼但實際是一種福報的呈現，天上下雨地上滑，自己跌倒自己爬，就是因為跌一跤後靠著自己雙肘爬呀爬，最後開墾另闢一條新道路，這股困境是一種把自己逼向更精采人生的一道力量，**生命中的美好不僅僅只是在順境中享受甜美的果實，還包括了在艱難重重的包圍中，不放棄對希望的相信，在黑暗中摸索著微光的出現。**

那一絲渺芒又閃亮的微光，必須靠著自己的雙眼使勁去

尋找，沒有人能夠指引你該往哪個方向前進。

感謝這個人生中的大摔跤，重新站起來之後，我相信跌倒的失敗挫折是上天給予我的禮物之一，畢竟不是所有人都可以經歷人生百態後還能站在十字路口，重新思考、抉擇下半場要往哪一條路走。

在這段高低起伏的人生旅程中，接觸過最險惡的生活面貌，黑函的威脅、情緒的衝突，如同電影劇情般的世態炎涼、人情冷暖，這些都見識到了，我發現越是仔細聆聽旁人的見解主張，便更有依據把得失分析清楚，就像是分析零售大數據，有根據才能知道未來的路該往哪個方向踏步，思精理熟之後，心裡面就沒有一點不明白的道理了。

挫折有如最巨大的停頓點，讓自己有機會發掘自己，在反思的過程中，會感到自己的渺小，也看見曾經的努力，回到初心，看待事情就有不同的視角，把荒原開拓成沃土，

逐一做出行動上的改變，並非不諳世故，只是決定不盲從地跟隨應有的步調，深淺精粗的步驟都有，更清楚自己要的人生是什麼模樣，就能找出屬於自己的新視界。

如今，回頭再想想這一遭的歷程，到底是不幸的遭遇還是無比的幸運，真的見仁見智，至於要如何能夠在廝殺的生意商場中走出屬於自己的步調與路線，並且兼顧生活日常，就得在這其中不斷調適心態，尋找最合適的平衡點。

我從自身對布料家飾的熱情作為出發點，把對純粹綿纖維的講究，對生活的領悟追求，跳脫克服面對自己內心對恐懼的害怕，把自己的理想、生活、夢想都透過一件件的設計與材質選料呈現信念。從 26 歲踏入這個行業領域，至今已走過 11 個年頭，雖然一路上荊棘密布，但因為有著熱情的支撐，讓我重新拾回對事業的專注與投入，一步步地走出困境的低潮。

逆境是一股逆不可擋的力量，我只能學著與它和平共處，減少對不幸遭遇的抱怨，把精力著重在學習新的事物上，感謝網路科技的發達，讓我能用自學的方式廣泛地閱讀吸取知識，先從最缺乏概念的財務細節開始補強自身的不足，用著夾縫中求生存的意志力，先求生存再求富足，把最壞的可能結果先預想好，反正我是一個跌到谷底什麼都不剩的人，已經 nothing to loss，接下來有任何發展與進步，對我來說都是額外的收獲！

於是我開始規劃階段性的步驟，創立新品牌，不求快速但求踏實地把每一個細節完整地達成，未來日子的憧憬理想並不會一步登天就到來，今天遇到的困難，還有明天要面對，想要到達多天以後的夢想之日，就一定要熬過今日，在極痛苦的時候領悟力最強，學習力最快，乘著這股逆風的力量就能扭轉自己的人生機會。

或許每個人遇到的逆境課題都不同，可能是情感上的困

惑、事業上的瓶頸、或是生活各面向的衝擊，考驗不可能
按著希望預期的那樣到來，人生總是措手不及地上演著喜
怒哀樂的失控劇情，在這麼多的混亂和失序中，充分理解
混亂之後，自然會辨別秩序的輕重緩急，心清明透澈之
後，就不再疑惑了。

　這種確知的狀態並不是靠「1+1 等於 2」的教條就能得
到答案，必須先釐清和直視問題，勇敢面對地做出抉擇，
對於超乎理解的能力範圍時，我也會慌、也會害怕，畢竟
對於失敗的議題，從小就沒有教科書能為你備註解說、
詳細分析或是提供答案，你只能相信「挫折，是改變的契
機」，多花點時間努力學習，少花點功夫矯情做作。

　洞察自己心底的聲音，忠於正確的信念方向，我在萬變
之中選擇的不變，是一份不妥協的堅定意念，並且不放棄
對布料原貌的堅持與認真生活的美感。

逆境是人生中的插曲，雖然龐大的力量可能摧毀原本完美的生活，**但有時就是因為不完美，反而有更大的發揮，人生要是過分完美，反而不美了！**讓自己歸零，才有更大的想像力去發揮夢想的可能性。

04

機會
和命運

　　在不同時期累積的經驗就是自身最有價值的財富,從過去的經歷,一點一滴淬鍊出的領悟,啟發了我對生活本質的探討,並開始找尋心中的那份歸屬感,把生活中的磨鍊、體驗、感受,逐一串接,做出相關連結,摸索出屬於自己

的一條路。

　內心產生情緒，是巨大的自身能量體，困境是我必須面對的事實，在接觸歐洲家飾業領域的多年時間裡，我感覺到**寢具並非只是臥室的裝飾物，而是一種對自我的發現**，感受布料的觸覺，配色的品味，視覺的藝術；找到這份歸屬感之後，更了解生活不僅只是追求單一的美感，而是可以在藝術的氛圍中發現自己。

　重返市場，是踏上另一段高難度挑戰的新旅程，真實的生活是殘酷且無情的，不會因為處境困難而高抬貴手，眾多的困難步步逼向我，在經過這些無數次的迂迴曲折之後，深刻明瞭回歸本質忠於自我的重要性，就是因為內心有了堅定的信念，才會有動力和不怕辛苦的心繼續重新打拼。

　不過，才剛試著與內心和解，面對處境艱難已無路可走

的局面，既然已思索出一條新的活路，但要創業重新出發，一開始面對就是沒資金、沒資源、沒人手的殘酷挑戰，為了創業，我索性把身上唯一具有價值的婚戒給賣了。

捧著賣了婚戒換來的那筆錢，做點小商品的零售買賣生意還可以，但寢具事業門檻高，商品成本高，要買商品、設立公司、產品行銷、包裝、設計……光是這點錢怎麼夠？但這是我唯一的機會了，靠著自己的摸索重新獨立創業，校長兼撞鐘，自己擔任多重職位，我完全沒有退路了，唯一出路只能勇敢往前走。

以在地的紡織布料作為創業的出發點，雖然知道台灣沒有機器能生產歐洲規格的寬幅布，但以我對布料的喜愛，認為即便台灣的窄幅織法不及歐洲國際大廠的寬幅，但小有小而美的做工與精緻，在市場上還是有機會的，於是我親自登門拜訪台灣許多鄉鎮的在地紡織工廠，但卻次次慘遭回絕，無論我如何釋出誠意想讓對方了解我對純棉布料

的信念，解說如何經由網路的串接和新零售的不同面貌，再進而升級銷售挖掘新市場，但對於看不見摸不著的未來夢想，加上前些日子的新聞媒體負面報導，多數人都斬釘截鐵地回絕與我合作，懷有熱誠卻四處碰壁的痛苦之際，又經歷家中外公外婆和長年臥床行動不便的阿公相繼離開世間，無疑地，這又是一次沉重的打擊。

沉寂那段時間的辛酸眼淚，並沒有就此抹滅我對生活的熱情，在永無止境的信心匱乏和痛苦情緒中，我仍然認真地打點生活日常最基本所需，並且更加全神專注並深入觀察時下的市場動態與趨勢和補足自身不足的地方，而「家」，基本上就是我僅有的小宇宙。

在現有的生活中要如何重新調整腳步和邁向新的生活型態，我思考著要如何重新過生活。過生活其實豐儉由人，對生活美好有過多的盛讚，就會容易忽略了對真實的迷思，生活的本質說穿了不過就是食衣住行的細節打點，想清楚

了思緒，才明瞭：原來我要的生活就是「簡單」二字。

　　走出過往的名媛包袱，我開始著手認真看待生活基本需求，就是盡可能地簡單，從三餐的買菜、洗菜、切菜、聞著烹飪中的飯菜香，我聞出了這份真實的人間味，把情感與認知作為最好的養分與元素，從過去曾有的苦澀與甜美的生活經驗中，淬鍊出對生活的炙熱情感，進而對於重返市場獨立創業的想法，也有了更進階的決策——

　　善用自然及人文資源進而轉化這份領悟實現在創立的OUIFIE品牌信念中，因為寢具布料與日常生活是如此的緊密相扣，每一次的清洗，棉纖維回到水裡洗滌和烘乾的過程，彷彿經歷再一次的循環更新，讓它可以再度呼吸，重沐清新，也因此對於原物料堅持的我還是只挑選純粹天然的棉，並且品質好一點，讓床單可以用久一點，用心過生活友善自己的家，就是友善未來日子的步驟開始。

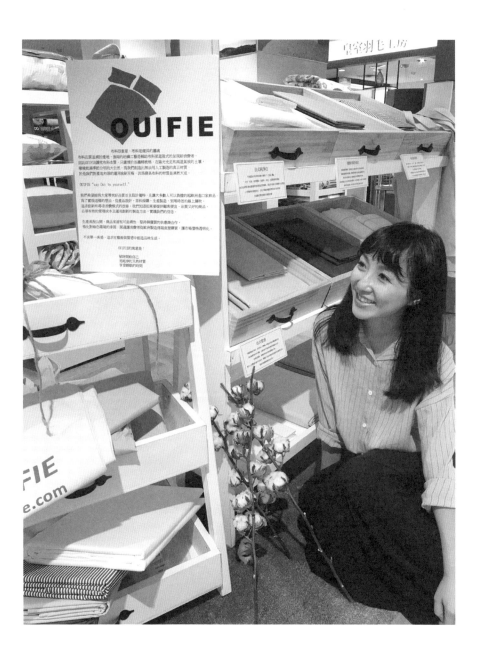

　　雖然打擊未曾間斷，但總覺得還是有辦法可行的，就在那段日子，收到了昔日往來的歐洲廠商們的來電，近期因為準備要來亞洲出差，在歐洲業界中也聽説了我的事，因此想專程來台灣一趟與我見面聊聊，就這樣短短的一週間，竟然有三家國際間有名的大老闆專程來與我見面，有供應國際棉物料的紡織廠、世界頂級的毛巾廠、歐洲家居飾品的龍頭業者，這是何等的榮幸，但這下換我傷腦筋了，我得換位角度思考，各位都是國際市場的領袖大老，我女子一枚何等榮幸可以讓他們專程來拜訪，應該是為了零售市場已走到前所未有的瓶頸，並也嗅到了些隱藏商機，想必他們也是想聽聽家飾生意是否有新生機可以共生共存。

　　在那時刻，我意識到必須為自己努力創造價值性，向他們逐一分析市場動向與需求，竟然獲得全力的支持，這時刻看似幸運降臨，但我知道自己能得到這份支持並非偶然，過去這十年內的種種努力，他們其實都看在眼裡，加上這段期間內以自學方式大量學習吸收網路新零售必須具

備的條件，結合自身對網路的長期研究與分析洞悉力，與過去已熟悉的紡織製造供應流程，以共享、共好的理念並顛覆跨越性的重新定義傳統紡織工業的制定模式，多方受益無人受損的三贏局面，也讓這些領袖老闆都樂意之至一同合作，這樣的因緣巧合之下，一個原本只是想從台灣在地自產自銷的創業想法，有了戲劇性的變化，轉身成了台灣品牌歐洲製造的新事業。

雖然那段日子裡的分分秒秒都是緊咬雙唇緊張度日，今日有今日的困難，明日有即將來臨的考驗，想著未來憧憬的生活模樣，我就不怕路途遙遠，走一步有一步的景致等著我去欣賞，只要有了方向，想做，辦法總是有的，再怎麼掙扎著過日子，都會因為明天、後天、大後天、下週有更多的事情要去做，把今天的過去和所有的困擾做一個漂亮的結束，生活就有了重新翻轉的可能性。

尼采曾說：「盲目的樂觀，只會使人感覺膚淺；過度的

悲觀，則會使人走向毀滅，唯有悲觀後的樂觀，才
是精神上的強者。」

　　假如你遭逢挫折的時候，可以想想我的故事，曾
經也有一位女子在一夜之間失去了所有之後，擦乾
眼淚用微笑來扭轉了她的人生新旅程。

05

去巴黎
流浪
三個星期

某天，我拿起手機傳送了一則訊息給巴黎的好友Ａ。

我：「我臨時決定下週要去巴黎待三個星期。」

朋友Ａ：「太好了！妳住哪？」

我：「還沒決定，正傷腦筋中，有什麼建議嗎？」

朋友 A：「來住我家吧！」

閨密間的感情，似乎不太需要多餘的贅詞，她懂我，我懂她。

朋友 A 很有巴黎女人那種經典優雅與瀟灑個性，什麼話都沒問，要我下飛機後直接拎著行李去她公寓找她。預計長達三週的巴黎旅行，我只在行李箱內放了 1 件大外套、1 件牛仔褲、3 件上衣、1 件裙子、1 件皮衣、1 套運動服、1 套黑色洋裝，輕鬆地推著 1 只行李箱就走出家門前往機場，默默地為自己這般如此極簡輕便的隨興打包感到有點不可思議。

反正在巴黎街頭，放眼望去，大多數人總是以黑色打扮為主流，我也認為自己還是以最簡單的裝扮穿梭在巴黎生活之中比較自在安全，雖然如此，行李箱裡還是準備一套正式的洋裝以備出席正式場合時不會失禮。

抵達巴黎的第一天，什麼事也沒安排，就待在 A 的工作室內有一搭沒一搭地聊天，想著接下來足足有三個星期的時間，除了幾場已約好的會議，其他的時間均填下「空白」兩字，懷疑自己是不是患有 ADHA，總是閒不下來也愛冒險嘗試學習新的事物。

就在我對著巴黎陰雨灰暗的街頭發呆時，腦中突然想到：「是不是要趁著這個機會學好法文？多會一種語言，就等於多了一項旅行時能來去自如的法寶，也算是充實自己。」

就在我正這麼沉思著時，好友 A 的手機突然響起，是她的妹妹打來的，即便手機沒有開擴音，我也能清楚聽到從電話裡傳來對方如同用盡丹田力量怒喊出的嗓門音量，原來 A 的妹妹跟老公吵架，今晚臨時決定要來住 A 家，這下可糟糕了！A 在巴黎的公寓就那麼一丁點大小，哪塞得下三個女人和一個小孩？電話才剛掛掉，瞬間又響起，原來是 A 的閨密 B 打來問 A 什麼時候要去她家陪她聊天、談心事。

就這樣陰錯陽差之下，當晚我就陪 A 把店舖的鐵門拉下準備打烊休息，搭上車來到 B 的家，在完全預料之外的因緣巧合之下，我意外地住進一間位在巴黎 16 區、塞納河右岸的寓邸內，展開了我的 21 天巴黎探險之旅。

讓一位不熟識的朋友住進家裡長達三週，聽在任何人耳裡，都是一件不可思議的奇葩事件，但我的人生好像就是這樣，各種驚奇異事總會在我身上發生；這天晚上並非我與 B 的第一次見面，距離上次見面已是 1～2 年前的事，那次也是跟著 A 來到她家。但那次見面，因為一些雞毛蒜皮小事而被兒子惹怒的她，也顧不得自己的形象和有新朋友在場，保養多時的臉部氣到皺紋都跑出來了，同時搭配著生動的肢體語言炮轟著兒子。我能瞭解當媽的人，偶爾就是會被小孩的某個行為突然折斷了理智，我可以想像她此刻內心正燃燒著熊熊的怒火。

誰說法國媽媽都是優雅從容不生氣的？！看著 B 教訓兒

子的模樣，可是一點都沒有在客氣！人總是容易會把刻板印象套用在別人身上，就像是為別人貼上標籤，我當下只覺得：「不管是法國女人還是台灣女人，女人就是女人，有柔情似水的一面，也有理智線斷掉的怒吼時刻，管他優雅還是粗魯，在生活還是職場，女人就是有辦法靠著天生的韌性摸索出自己的一套求生法則，不是嗎？」

這回 B 再次看到我，個性火辣辣又熱情的她立刻獻上法式的三下臉頰熱吻，轉頭便叫她兒子騰出房間讓我住（啊呀，老天保佑！），終於，接下來待在巴黎的三週有落腳的地方了。

當天晚上，我們三個女人窩在客廳的長沙發上聊天，天南地北、天馬行空地從巷子裡的起司熟食店聊到工作上的零碎瑣事，可惜因為長途飛機的疲勞折騰，我的眼皮已重得睜不開眼，與她們左臉頰右臉頰地法式親吻道晚安後，拖著昏昏沉沉的腳步走進房間內，結束了第一天的旅程。

俗話說，出門在外靠朋友，是的，而且朋友要交可靠的！這段臨時起意的巴黎冒險之旅，總算有驚無險地安頓了下來，我像塵埃落定般地深陷進暖暖的被窩和沉沉的睡眠之中。

未知的明天會有什麼新的事情發生，我也不知道，但抵達巴黎的第一天，直到半夜才安頓落腳的地方，讓我心裡踏實了許多，也替自己的愛冒險精神稍稍捏了一把冷汗。

06

一個人的
旅行

　　一個人的座位，一個人的餐點，一個人的住宿，一個人的行李箱，聽起來是多麼的孤獨自由，不過，一個從小獨立慣了之後又全神貫注投入婚姻和育兒生活的女人，要再次孑然一身、帥氣地說走就走已變得困難重重，在沒人安

排協助打點之下卻要獨身一人到巴黎工作出差旅居，雖然不是不可能的任務，但的確難度很高，結婚後膽子變得小了一點，光是想到出發前要先打點安頓好家中的大小事務，就已足夠成為「辦不到的理由」，更別說什麼巴黎追夢的一個人旅行了。

在巴黎的公寓內生活著，這聽起來的確有點夢幻和令人感到嚮往，但這個城市又與危險的治安和髒亂吵雜同時畫上等號，既衝突又協調但具有令人無法抗拒的吸引魅力，這就是我眼中的巴黎。

我從法國人身上學到如何過生活，懂得原來享受和品味與金錢和名牌無關，而在個人風格與自我主張的態度，這些年往來巴黎的旅居型態，我愛上在巴黎的街弄小道間騎著單車，一來是可以避開擁擠的交通，二來能用不同的視角感受這迷人又危險的城市風景，愜意地感受巴黎當地的文化脈絡。

　　但選擇這樣方式的旅行，也同時意味著我得克服：可能遇上扒手的襲擊可能性、異國騎腳踏車的自身安全性、學習如何操作租用腳踏車、行車路線的規劃，和還車的細節步驟。

　　聽著我在網路節目介紹 5 分鐘當個巴黎人，觀眾們總說很嚮往這樣的慢步調旅行，但光是願意選擇割捨旅行時間，捨棄觀光、逛街、美食，換成學當地人逛超市、騎單車，大約 80％ 的旅行者都不願意做出這樣的決定，更別說對一位獨自旅行的女子而言，光是應付外人的好心勸說「這樣危險」「那樣不好」「為何要這麼冒險？」的各式樣貌質疑，就令人煩心。

　　我曾為這些問題困擾著，並且頻頻打消改變旅行方式的念頭，也許外人眼中過度介入的言詞只是出自於一種聊天方式和關心而已，但對我而言卻會成為困擾阻撓學習成長的機會，後來我漸漸學會：「管他的！哪有那麼難？有夢

就去追！就算路上困難重重，過一關就成長一階，總會有這麼一天驀然回首的時候，發現當年的旁人仍舊對別人勸說著追夢好危險，但心底老早就想追夢，只是怕大家都去追夢了卻只有自己裹足不前，挺孤單的，於是需要有人陪著作伴一起當個看追夢者的觀眾。」

頭幾年頻繁進出住宿巴黎的日子，我吃了不少苦，尤其每次在餐廳內，光是點杯水或是想詢問服務生餐點的問題就碰壁連連，不是英文在巴黎不管用，而是「巴黎人根本就不太願意講英文」，原因多半是因為對於自身民族的優越感。為了加速解決在巴黎生活的便利性，才啟動我想學習法文的動機（學習一定要找到動力才能提升戰鬥力，降低讓自己不被困難輕易打敗的機率），花了 21 天逼著自己與巴黎人一起生活，完完全全進入「法語模式」狀態。

人都有一種求生的本能，自然會專注學習日常生活中一定會需要的用語和詞彙，所以 Oh La La，我的法語就是這

樣被自己強迫學來的，現在走進餐廳要點杯水和餐點就容易多了！因為法國人一聽到對方也是說法語，即便知道是不標準的發音，也會在臉上堆起笑容對我表示親切；學法文的挑戰成功，讓我開啟了走進巴黎生活的門鎖，至於門後會發現什麼樣的世界，那就期待囉！

反正，一個人的旅行，乍聽之下確實讓人膽怯，充滿未知與隱藏的危險性可能，但，做，就對了！Just Do It!

巴黎人很喜歡講「Oh La La（發音：歐拉拉）」這句口頭禪，就大概像是大家平日喜歡講「醬子喔」的意思。

CHAPTER

2

因為愛，人生更有動力

01

—

飛蛾撲火
的愛

愛，是沒有邏輯的一連串程式碼，尤其當愛情來的時候，
會讓人義無反顧地全力以赴。

11 年前認識一位年紀長我整整 10 歲的男子，談了一場

轟轟烈烈戀愛，愛情的本能剪斷了我的理智線，認識不到
7 天的時間，與對方相處時間不到 24 個小時，看著他既任
性又認真地對我說：「嫁給我！」，沒有一般傳統該有的
花束與鑽戒浪漫求婚橋段，只有堅定的眼神交會和電流，
在那怦然心動的瞬間當下，我沒有猶豫，只有衝勁和傻勁
地立刻回答說：「好」，以閃電的速度立刻踏入婚姻生活。

即便這個飛蛾撲火般的愛情顛覆了我整個世界，放棄一
切或是失去外在的一切又如何？在愛情的世界裡，在兩人
共築的家裡，並不是制式合理化地可以視為一就是一、二
是二的道理邏輯，在愛裡不需要努力地去爭一個理，能給
的我全給，無悔便值得了。

失去的，永遠不需要去討回的，是愛。

諺語是這樣説的：「婚姻是愛情的墳墓」，既然我奮不
顧身一味地往死裡走，那就得靠自己找辦法求生存。

　　閃婚的頭幾年蜜月期，我可以說是用盡力全力地愛著老公，打從心底認為寵老公是天經地義的事情，浪漫至極的感動行為、寵上天的皇帝般照料，於公於私都是以夫為天的把自己設定為全能小秘書的職位，部落格內其實也都還留著過去的甜蜜史，當時就有讀者曾留言打趣地說：「照妳這種寵法，遲早會把對方給寵壞的！」當時年少的我聽不懂其中的意思，但現在我終於懂了……

　　但付出的愛，去討、去恨、去爭？好像還滿傻的，從小到大都不知當了幾回愛情傻子，現在的我可不願意在未來的日子裡還選擇當個人生傻子，閱讀讓我開闊了眼界，想通了思路，我有數不完的方式讓自己變得優秀，把飯煮好、把孩子教導得好，一切生活打點與事業發展都靠自己，檢視過去不知的盲點，花更多的時間在有意義的事情上，當自己擁有的多了，心自然就得到了滿足。

　　在婚姻中失戀有一種說不出的鬱悶，要對自己坦承長期

的情緒壓抑，是一種無比難堪的殘忍自虐，但我替自己找到了情緒的出口，相反而行地把生活過得更快樂與自在，把老公再度擺回放在情人的位置，成為茶餘飯後的甜點滋味，這就是一種關係重新互動的修補開始。

學會自己能給自己滿足感，找回人生的掌控權，自然就對自己的人生不再困惑，重拾對未來的熱情與憧憬，無論何時想要重新修補情感關係都不晚，任何時候都可以好好再次重來，需要的只是對自己的肯定和多一點點的勇氣。

有句話我想記錄在這本書裡，是想對老公說的話——

若是時間倒帶再重演一次，你對我說：「嫁給我！」，我還是一樣會回答：「我願意！」

02

踏入歐洲
寢具家飾
的開始

　　我對生活總是抱著樂觀與熱情的觀點，會有做對的時候，但也有犯錯的時候，相互拉扯的矛盾心情偶爾也會有，但樂觀的態度是必要的存在性，才能在掙扎的過程不斷地修正，成為更好的自己。

　　這場無預期的閃婚人生橋段，也讓我意外踏入了歐洲寢具家飾行業，這回不只是換了工作跑道接觸陌生的職業類別這樣單純而已，生活上同時有著走入婚姻型態的巨大轉變，一時之間身上多了好幾個斜槓，擔任多重身分角色之外，好勝心挺強的我不想讓人誤認為只是當個家庭主婦的料，生活與職場中處處向人拜師學藝，開始一步一腳印從零開始學習什麼是布料線紗，訓練辨別價格天差地遠的布料差異化，琢磨銷售的技巧，了解百貨零售流程的種種細節，同時還得融入企業文化，並且適應新家庭的生活步調，回想起那段少女情懷總是拼的青春歲月，還真覺得沒白走，默默埋頭的努力總是會在猛然回首的某一刻才意識那些年的路沒有枉費，女人身上散發的自信是來自於過去經驗的累積，唯一可以與歲月抗衡的便是知識的進步。

　　我總記得第一次出差去巴黎家飾展時，面對每一場高手雲集的會議，我只有不斷地猛點頭、少說話多聆聽、邊看邊做筆記，接著再把筆記內寫著滿滿的疑問逐一找出答案，

從什麼是純棉材質、什麼是印花設計、緹花的工法又有什麼區別的開始累積對寢具家飾領域的知識，尤其當有機會可以請教專業人士時，我總不斷地提出問題向對方取經，與其拐彎抹角的長時間無效率學習，直接跟歐洲職人學習最有成效了！

所以有一段時間我特別專精研究棉物料的等級鑑定方式，每回長時間待在歐洲的出差工作時，我多半喜歡選擇待在歐洲紡織工紡內，即便在鬧哄哄機械廠房散發的高溫環境中待上一整天也不覺得累，就只為了親眼看見製造生產流程的經過，清楚明瞭原來從埃及棉花朵中萃取出的長纖棉是如何織成寬幅的布料，經過細膩又複雜的程序染整並用 160 度高溫燒毛處理胚布的表面後才能產出高質量的寢具。

同時我還時常自己主動要求安排教育訓練隨時更新知識，就在外人眼裡我可能被視為只是趁著出差兼旅遊逛街的時候，其背後我是默默在觀察異國城市的當地實體零售

動態、啟發靈感、獲得學習，進而再將當地的一手趨勢潮流，條理化地整理過後把精華再帶回台灣，現在回想起過去的每一個環節記憶，都覺得是如此的刻苦銘心，但就是因為這股持續累積的經驗，才堆疊出擁有屬於自己的美感視角。

如果能把每一次面臨的考驗都看成是人生轉換跑道的機會，在挑戰中發現學習的契機，關鍵在相信面對生活的理想與現實之間，自己有主宰未來的能力，選擇進化還是退化，悠閒安於現況還是努力奮鬥堅持意志，都是自己可以掌控的，要知道許多毫不費力的光鮮亮麗一面，都是付出超乎常人的努力才能夠換來的成果。

時間成本需要被重視，不能低估自身擁有的無形資產，每人的一天都是公平地擁有 24 小時、1440 分鐘、86400 秒，要把握任何學習的機會、懂得善待生活步調與講究生活品質，時時刻刻提醒自己千萬別把生活給過窮，這樣手中才會逐漸累積扭轉自己人生的籌碼。

請珍惜天天陪伴你的寢具，
它從不嫌棄你的眼淚、
口水和鼻涕，
在你最累的時候，
溫柔地擁抱著你。

03

為母則強
的勇氣

　　懷孕生子的計畫並不是踏入婚姻就開始有的憧憬，反而
是在婚後經歷約 3 年磨合期，在了解彼此個性並決定可以
攜手踏入下一個人生新階段，才認真研究懷孕排卵的週期，
然而懷孕之路並沒有預期中的順遂，經歷了 5 次人工受孕

的失敗挫折打擊，最後接受試管療程才成功懷上孩子，雖然懷胎 9 個月的過程中苦頭沒少嚐，早產跡象的宮縮，頻頻出血進出醫院多次的安胎後，最後才母子平安地生下了一個健康的孩子。

孩子剛出生的時候，我既期待又興奮，因為經歷了漫長的試管求子之路，這孩子能出現在我的生命裡，是上天賜予的恩典，對我來說，打從心裡已知道選擇試管療程的過程中，苦頭肯定是少不了的，但我心中有著夢，是幻想著有一天可以大手拉小手一起微笑的幸福畫面，因為築夢的目標讓我卯足了所有的力氣，才能克服一關又一關的難題考驗，把所有的情感都化身成塑造未來的動力。

但當了媽之後，才發現從來沒人教我們如何當媽媽！母親這個職稱從小孩呱呱落地後就自然落在了我們身上，從包尿布、餵奶、洗澡、安撫哭鬧、教養規矩……這些都沒有一定的 SOP 標準作業流程，就像一個人失敗跌倒後，面

對排山倒海的困難、生活現實的狀況，你只能做中學，學中做。

　　當上新手媽咪的頭幾年，自個兒懵懂的摸索學習怎麼養小孩的細節步驟，經驗不足之外，睡眠嚴重更加不足，但看著孩子的模樣讓我產生無比的動力，再怎麼辛苦也要堅持咬牙撐過嗷嗷待哺的育嬰階段，我趁著零碎的空檔時間上網爬文閱讀相關書籍做功課，在臉書留言向各位前輩取經，就這樣從碰壁中逐漸摸索出帶孩子的方式，還把育兒的心得體驗和生活記錄也化成上千篇的部落文，透過網路無國界地與網友們分享，從中找到樂趣享受著陪伴孩子每個階段的成長過程。

　　也就是這樣的因緣巧合，原先在網路上的部落格只是單純分享歐洲旅居的旅行生活，後來跨足不同領域成為親子部落客，生活本身就不是一件容易的事情，但就是因為生活困難才更不能輕易放棄，遇到挫折和打擊，盡量簡化

困難的內容和細節，把重心轉移，反而花了非常多的心思去研究琢磨該如何解決，轉念的方式，是把危機成為改變的契機，我想我天生就是有一種不服輸的意志力，越挫越勇的天生怪個性，在我很沮喪難過的時候，我總是練習一次又一次對著鏡子的那個自己說：「每天的生活不需要為一點小事就傷心動怒，更不要為了一些小人而憤憤不平，心懷希望就能微笑面對困境的磨練，即使夢想遙遠也要堅持！」

亞洲社會的主觀意識確實是對女性多了些苛責與嚴格，從幼稚園到大學、博士或碩士，少說動輒 16 ～ 20 年，投入這麼多的時間輸入制式性的觀念：讀好書、做個循規蹈矩的好小孩，但遺憾的是，真實的社會形態多半與傳統思維相違和，從教科書本中學到的只不過是讓身心靈建立一座「目標榜樣而已」，兼顧生活並進入職場找到一份養活自己的職業和工作，或是晉升到社會型態的階級地位便會容易受到更高挑戰的挑釁與威脅，每一個抉擇都是替未來

埋伏下的考驗種子，但也因為這樣一關又一關的挑戰，摻雜著愛、憤怒、歡笑、哭泣、回憶的因素，讓我才更加懂得人性的希望與光芒。

孩子在我生命中具有很大的意義，是讓我學會看懂生活的原始自然樣貌，即便千瘡百孔但仍是有它很美的視角存在，不是那種令人讚嘆的很美感受，反而是一種被安慰的衝擊，覺得再大的艱辛與困難都變得很渺小，有時甚至會因為一個不起眼的瞬間時刻被撫慰的感覺。

在那段兵荒馬亂的日子裡，我感覺那是最接近天堂與地獄的時候，夜晚哄孩子睡後，便是加班工作的時間和寶貴獨處的寧靜冥想時刻，終於可以靜下心好好思考，腦中開始倒帶剖析回想今日說的每句話、做的每一個抉擇。

有天，在送孩子上學的路上，他對我說：「等等我上學後，妳就趕快工作，拿出一張桌子在我們家門口賣寢具。」（我

有點驚訝，原來這孩子知道媽媽每天忙碌著的是工作，在做生意。）

我：「但在家裡門口賣寢具，誰來買呀？別人不知道呀！」

他：「我的麥克風借妳，妳就大聲地喊：來喲！來喲！來買寢具喔！」（他倒是挺聰明的，還知道做生意需要宣傳）

這話才剛說完，他就立刻補上一句：「做完生意後就趕緊把桌子收一收，來接我下課。」

我笑了，不僅是哈哈大笑，也笑進了心頭，覺得既甜蜜又可愛！深夜，在臥室裡的場景畫面，時常是我盯著電腦螢幕工作，孩子已先安穩入睡，現在他已養成自己鋪被的習慣，知道深夜後我得工作用電腦打字，每晚夜裡就靜靜地窩在我坐的椅子旁的地上安穩睡著，偶爾我會轉頭看看他熟睡的臉龐，補充讓我振作的力量，知道明天又是一個新的開始。

每次關上電燈，窩進被子跟孩子一同睡著，就覺得感恩

生命中有他。

謝謝你，我的孩子，你是我生命中最美的花朵。

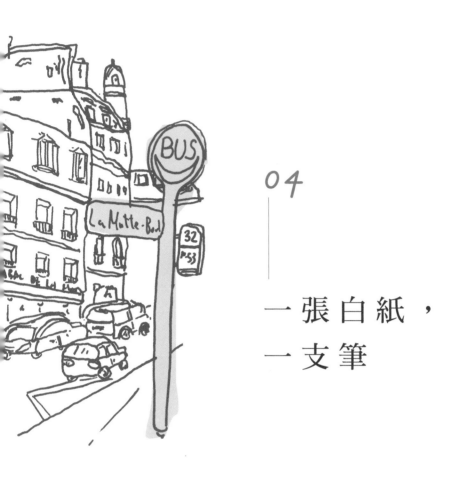

04

一張白紙，
一支筆

孩子為家庭帶來的，不只是改變，而是整個人生的革新。

從孩子出生的那一刻，居家型態和生活步調也將經歷一場蛻變，踏入這個充滿未知又令人興奮的全新領域時，也

得重新定義原有的邏輯和看法。

嗷嗷待哺的母乳階段，副食品的飲食轉換期，學齡成長期的三餐伙食，母親的每一個日常都圍繞著這些枝微末節忙得團團轉，在外人眼裡，看似理所當然的家庭生活，對我來說是進化到不追求完美的隨遇而安，原本家中工整排列的極致完美空間，開始會遺留一些遊戲和活動的痕跡，回不去的我只能靠著各種創意來打理一切，這樣散發著隨興氛圍的調整，讓我更有彈性，地板上散落的水彩和紙張，意味著剛結束了一場親子互動的創意大噴發，我告訴自己，與孩子的日常相處，是極有價值的意義，用開放、率真的態度及創造力，建立深刻並具有意義的互動關係，幸福不需要刻意去營造，陪伴就是最溫暖的愛。

在孩子發展好奇心的時候，受惠最多的其實是自己，這些童趣元素就是能讓我跳脫枯燥制式生活步調中依然能保留新潮的風格，而不至於成為蓬頭垢面的熟齡婦女，減緩

降低腦袋思想停滯不前的可能性。

　　孩子走進我的生命後，我就與孩子一起成長、改變。在這個世界上，原本人、事、物就都會流動，不可能永遠停駐在某一個時空，依照不同階段的需求，我會先確認生活的基本所需之後，再將喜好愛惡盡可能地融入周圍的環境中，這樣一來，生活就不只是單純的日常作息，而是讓自己主宰的思想去堆砌成屬於自己的風格，逐一雕塑出憧憬的生活樣貌。

　　此時此刻的自己，當然可以不斷反觀、追溯過去的每個日子，然而要將日子活出連自己都羨慕的模樣，就得去蕪存菁地把累積的經驗值與時俱進地表現在現實的生活裡。

　　我告訴自己，要永遠保持著好奇的心，從極微細小的角落汲取靈感，跨越界線，克服現實生活的侷限範圍，大膽地發揮無限空間的想像力。我最喜歡的是，拿出一張紙、

一張筆，讓孩子先塗鴉，再接力順著他童稚的筆觸，畫成另一幅我的畫，不管是看似複雜或是簡單的線條，都是我們對生活經驗的反射和對情緒的傾訴。

　覺醒的知覺讓我明瞭——女人不論有沒有踏入婚姻，都應該思想獨立，掙脫被傳統禁錮的牢籠，遵循社會價值裡該有的道路並不會讓自己成為更好的自己，反而是隨波逐流的複製品，藉由畫畫，我訓練自己，利用自己手上這支筆，充滿力量地描繪出未來藍圖，不管線條與色彩最終會勾勒出什麼面貌，這張畫作要呈現的面貌，就應該由我自己畫出來。

　　当自己的畫家，
　　为自己的人生畫布
勾勒出意想不到的趣味畫面。

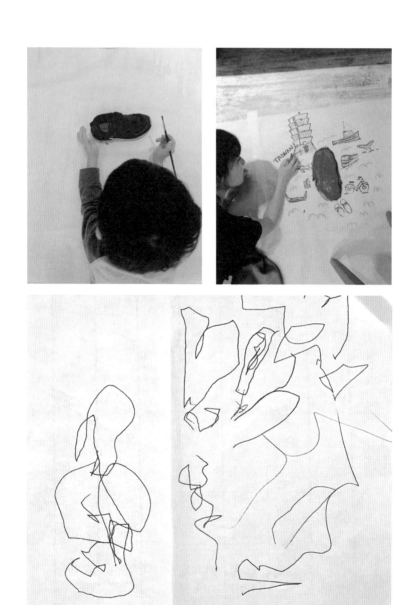

孩子的筆稿原創

發揮想像力成為我的畫作

05

帶 孩 子 一 起
去 旅 行

「媽媽，這裡有蜘蛛！」（高分貝的驚恐音調）

「媽媽，那裡有蟲子，好可怕！！」（高分貝的驚恐音調 again）

孩子帶著恐懼的心情躲在我身後，指著屋內地板上的小夥伴，這就是都市小孩剛入住原生態環境公寓時，每天最常出現的尖叫聲。

第一次看見很驚恐，第二次遇到還是覺得恐怖，等到第 20 次出現蟲子與蜘蛛時，孩子已經習以為常不再尖叫了，適應不就是這麼一回事，一剛開始總是會因為害怕而害怕，當克服了害怕就不再是一回事了。

也許是心境的不同，紛紛擾擾的生活樣貌讓我反而想重返初心並且更重視過生活這件事，陪伴著孩子成長走過每個階段是我一直很堅持的日常小事，大手拉小手從嬰兒時期的住家旁公園、河濱岸邊的騎車、無畏懼艷陽高照的草地野餐、窩在客廳揮灑水彩創作出一幅又一幅的親子塗鴉畫作，趁著淡季時節，把旅費控制在預算內，安排了一趟具有生態力的孩童友善歐洲之旅，入住在自給自足的農場公寓內，與孩子一同體驗在屋前院子草地上燒柴生火，穿

梭在果樹間，待在農場內向房東學習如何與羊群和牛隻建立起互動。

　　倘若今天的我不曾經歷辛苦的懷孕歷程，也沒有從育兒的細節中不斷地學習成長，我想我可能很難學著從孩子的視角再重新看待生活，進而發現原來生活的富足定義並不是在物質方面的追求，最重要的是你在、我在，我們可以

一同探索生活的經歷，**把生活過得像旅行，旅行中也像日常生活般的自在。**

　　在我的觀念中，親子旅行並不一定要塞滿行程與事前規劃繽紛色彩的遊樂園和旅遊景點，反而倒是挺熱衷於追求異國簡單純樸的在地生活文化，或許小孩長大後未必記得這趟旅行的樣貌，但我只是想讓他在兒時的記憶中能停留不同於都市原貌的生活氣味。

　　和孩子的互動之中，與其把自身的角度放在媽媽的職稱
上，我其實更常在孩子的身上重新學習和成長，陪伴的日
常生活其實沒有太多值得大書特書的細節重點，我更喜歡
用旅行和探險的視角，專注觀察日子中的微小事物，把
行萬里路勝讀萬卷書的教條觀念用有趣的充分行動力來實
踐。

　　旅行歐洲鄉野間，我很常帶著孩子在戶外草原與大自然
的作息相伴，夜晚就抬頭看看黑暗中發出微光的星星有多
麼的閃亮，這樣的步調並不會因為回到台北都市而有太大
的變化，偶爾興致一來，我們會臨時決定不下廚煮飯，買
個便當就前往河濱公園，坐在河岸看夕陽吃晚餐，因為腳
步稍憩才瞥見眼前的日落絕美景色，住在繁忙的都市中，
隨時可以享有這番愜意生活步調，不一定只有退休老人才
能擁有的步調，大部分的人都太著重琢磨光鮮華麗的外
表，忘記了這可能是生活本來的面貌，等到多年以後的某
一刻才懂得返樸歸真的悠然自得。

　　有天晚上待在義大利鄉間的屋內，正當孩子已上床熟睡後，我正享受著夜晚寧靜的 metime 閱讀時刻，餘光瞥見屋子內的地板上有個疑似蟑螂的移動生物，定焦仔細一看，這下換我尖叫了，牠竟然是一隻貨真價實的毒蠍子！這個只有電影中才見過的毒蠍子竟然活生生在眼前舞動爪子移動著，這可怎麼辦才好？只要牠在屋裡待上一秒，我就得擔心牠是否會在半夜裡爬進臥室，要是牠螫了孩子那可怎麼辦！為母則強的腎上腺素指數立刻飆漲，當下便決定要把這隻毒蠍子送出家門，於是雙手微微顫抖地拿起廚房內擺在角落的畚箕，緩慢移動身子試圖以畚箕邊擋邊逼地把毒蠍子往門外趕，心臟一邊怦怦跳，深怕動作太大幅度會驚動毒蠍子，就這樣有驚無險地順利把毒蠍子請出屋子。

　　隔天一早孩子起床後，我把昨晚毒蠍子出沒屋內的始末講給他聽，他竟然一派輕鬆地帶著自信笑容說：「妳可以叫醒我，我幫妳把牠趕出去呀！」這下可逗樂我了，我看

著他會心一笑，定格此刻的感動，收藏進心底。

　　經由旅行探索深藏無價的體會，會經過漫步的等待，也會經歷顛簸的長途跋涉，選擇到歐洲鄉村近山的在地生活旅行方式，有著一望無盡的原森林生態和丘湖野溪，非傳統制式的旅行方式，而是換個地方過生活，這趟帶著孩子一起去旅行，讓我更確信「原來這是我嚮往的生活模樣」，雖然旅行途中孩子必須得學會拿掉平日在家被允許的耍賴撒嬌，並且學會妥協於異國環境中的不便利性，也因此無形中逐漸培養了一種「你懂我懂」的親子互動默契。

　　法國作家羅曼羅蘭 Roman Rolland 是這麼說的：「世界上有一種英雄主義，就是認清生活的真相後依舊熱愛生活。」樸實而用心，回歸生活本真，這才是生活的真正根本，找回了根本便自然地感到快樂了。

06

持 之 以 恆 的 習 慣

美感、運動和健康飲食的習慣養成,這三種其實是一點一滴用堅持培養出來的!

大約 18 歲的年輕學生時期,因為看著學校同學們都在

健身房跑步運動，為了融入團體生活，我才開始運動健身。培養運動習慣的過程的確很不容易，尤其是下定決心讓身體動起來的第一階段是最辛苦的，比方說：運動的前15分鐘最難熬，要一直不斷地鼓勵自己「加油！再撐5分鐘！」，撐過5分鐘再撐另一個5分鐘，間接地替自己加碼對堅持的強度。

後來發現，運動的習慣一旦養成就會變成一種戒不掉的癮，即便到歐洲出差工作，我也不忘在行李箱裡放一雙運動鞋，趁著早晨或是工作結束後的片刻可以跑跑步、流流汗。當習慣已養成後，便會成為停不下來的堅持。

但是在準備懷孕階段的那一兩年，因為孕期情況一直不穩定，有頻頻出血和早產跡象，醫生一再強調必須多躺著安胎不能運動；生產完後，也因為自己是新手媽媽，光是照顧孩子和兼顧事業，蠟燭多頭燒的情況下，即便想要重拾運動的習慣也礙於現實無法做到。日子就這樣一天又一

天過去，孩子從爬行到搖搖擺擺地學走 ，活動力越來越大，好幾次當他撒嬌黏著我說：「媽媽，抱抱！」，我開始察覺體力負荷不了，於是下定決心，設下「為了有體力陪伴孩子而必須開始運動」的目標！

接下來的日子，即便再忙再累我也會逼迫自己堅持每週2～3次、每次持續30分鐘的有氧運動，而開始重拾運動

習慣的時候，似乎同時也牽動影響了我對飲食料理的講究，
想要鍛鍊肌肉和雕塑線條，必須同時搭配健康的飲食方式
才能彰顯效果。

　　減少糖分的攝取，保持攝取營養均衡，多吃原貌的食物，
少吃加工食品，就是我的飲食準則。原本就對烹調料理有
興趣的我，也是個不折不扣的「吃貨」，美食料理要如何

營養健康又好吃，挑選天然食材時要特別小心慎選產地和品質，吃出食物鮮美原味的同時就能吃進健康！

不過，關於吃飯這件事，最重要的還是要能夠與家人一起圍坐餐桌，專心享用一頓飯，融入順手擺放的餐桌美學，賦予食物有溫度的新靈魂，那才是真正讓所有的堅持獲得更高境界的昇華。

CHAPTER

3

可怕的本身，

並不可怕

01

去面對
害怕

　　曾經有個研究說：「一個人的動作或想法，如果重覆 21
天就會變成一個習慣性的動作或想法。」把這個理論套用
在我身上，努力堅持的耐心與學習改變的決心其實才是最
核心的重點。

做出決定前，內心一定會先經過一番掙扎，並且產生恐懼，恐懼之所以讓心理產生畏懼，是因為看不透它，不熟悉它，越來越疏遠它而逐漸淹沒了直視它的勇氣。

就拿臉書直播這件事來說，經營臉書粉絲專頁，手指點擊螢幕畫面按下直播，與讀者們講話、互動、要分享什麼內容、手機位置該如何擺放、燈光太亮還是太暗，每一項執行動作對我來說都是很陌生的事情，尤其曾經有段時間我因為飽受負面新聞與留言的爭議，害怕媒體，也害怕與人接觸，在第一次臉書直播前一刻，我還緊張到全身冒汗，腎上腺素讓心臟急速跳動到連自己都覺得呼吸有點急促，但我忍住恐懼感侵入情緒的極大壓力，架設好手機擺放位置，用實際的行動力嘗試滑開手機，把那場直播取名為「第一堂家事直播」，進而開啟了一連串的家事直播系列影片……。

此刻讀著這本書的你，或許可以拿起手機點開我的臉書

粉絲專頁「貝姬 Becky」，也許會剛好看見我正在線上直播也說不定。

能產生這股動力讓我克服恐懼，我得先謝謝我的孩子，伴隨著時間日漸長大的孩子，當時已經到了要進幼稚園上學的年紀，從原有熟悉的生活環境，一下子得認識新同學、新環境，他恐懼、害怕、哭鬧，天天上學前都要上演一遍十八相送，身為母親的我也只能用陪伴和鼓勵來幫助他度過這段適應期。剛開始入學那幾週晚上，睡前他總是愁眉苦臉著說：「學校好恐怖，我好害怕，我不認識大家，老師教的我也聽不懂，我不想要去上學！」

我告訴他：「害怕，是因為你還不熟悉，每天聽、每天學，對害怕的事情連續做 10 次、20 次、30 次⋯⋯有天你突然聽懂了、學會了，你就不會害怕了。」我擁著他，抱抱他，告訴他有媽媽在，不用擔心，我會陪著他一起學。

　　某日，突然回想起自己曾經跟孩子的那段對話，我拍了下額頭，恍然大悟！我怎麼只懂得教孩子，卻不懂得教自己呢？

　　生活上我也有許多害怕的時候，但就是因為不敢直視面對，缺乏練習及再次探索學習的機會，其實只要 1 次、2 次、3 次⋯⋯⋯重複做著害怕的事，有天它就不在我的恐懼名單內了。

　　花 21 天的練習，換來成功，絕對值得。

手握著手就有溫暖
牽著牽著就會有出口
無須壓抑情感和慾望
用力的感受它
克服內心恐懼，無畏外在阻力
專注在得到和享受追逐渴望的過程。

02

等 一 下

　　生活的步調太快，工作加家事，忙碌的種種節奏總是接踵而至持續緊湊進行著，有夢想時就會想要「等將來」，有計畫時就會說「等不忙時再做」，有想見的人就會想說「等下次」，懷有憧憬想去旅行世界就會說「等有時間、

等有條件、等有錢了」……

等一下的念頭會讓人等到沒了青春、等到沒了健康、等到緣份已盡了，當沒有把握機會努力實現每一個夢想，這一等很有可能就成了永遠，想做的事就趕緊做，我的行動力很快，速度快到連身旁朋友都會懷疑我是不用睡覺的無敵鐵金剛，要不然怎麼有那麼多的時間去完成每一件願望？會這麼拼命的努力著，其實並非我不愛放懶耍廢，而是我很清楚明白很多事情不用行動力去做，很有可能就錯過了，因為知道人生最等不起的就是「等一下」而留下太多的遺憾。

有一位與我很要好的法國朋友，她的年齡比我年長很多，相識後覺得投緣是因為我們兩人同月同日生，人的緣分很奇妙，可以談得來、說得上話並覺得與對方相處的時刻很舒服，多半是理念雷同、品味相似，所以我與她可以聊得上的話題很多。有一天，我們在巴黎相約外出吃晚餐，那

時剛好遇上交通的繁忙尖峰時段，我們倆坐在車內困在巴黎 17 區的某一條街上，漫長的塞車時間中像是時間突然強迫被靜止了，外頭飄著微微的毛毛雨，突然間她感慨地指著路旁一棟屋子的樓頂位置，昏暗的天色中，那間燈火通明的大戶人家，隱約可看得出法國歷史建築經典精細且華麗的窗框，從屋內一路延伸至門扉，她說：「那間閣樓公寓是我年輕時與丈夫結婚後住的家，丈夫離開世間發生得很臨時，快得讓我措手不及，一夕之間我變得一無所有，還有兩個年幼的女兒要養，那時的我好想死，而且連住的屋子都沒有了；還好我現在還活著，一切都變好了，雖然不像以前那樣富有，但現在我有自己的事業、有女兒的陪伴、而且孫子們也都長大了，現在的我覺得很開心」。

她的眼神中帶著一種堅定，微笑著對我說：「我很感謝自己很努力並且沒放棄自己，所以現在我有什麼想做的事，一定會讓自己沒有遺憾。」

在她身上，我看見了滄桑後溫暖的勇敢，很難相信年近
70 歲的她依舊保有熱情，她女兒年紀與我相仿，最常與
我分享她帶著媽媽與朋友們去餐廳或夜店時發生的各種趣
事，而這位從心之年的朋友總是成為比大家都玩得盡興又
開心的少女，每次在被女兒吐槽挖出糗事後，她總是不甘
心地補上一句：「我要是不能做自己開心的事、喝喜歡的
酒，如果突然間我死掉了，那我會覺得很可惜！」

偶爾我待在台北時收到她寄來的訊息，噓寒問暖之際，
她還會跟我分享她最近與好姐妹去旅行的照片，照片中的
她表情永遠散發出法國女人身上總是帶有的那種自信、慵
懶和快樂。

與這位法國朋友間產生的友誼，無疑地在我腦海中產生
了一股影響力，她用自身的經歷與無私的分享，讓我知道
即便被生活壓得喘不過氣，熱情日漸被磨光後的女人，也
能再次重生，而且不留下任何一絲的遺憾。

　　我想現在的我可以這麼
坦然地過著，捨得花大量
的時間陪家人、對事業工
作保有熱情、懂得就算沒
錢也能活得愜意有格調，
都要謝謝她曾經幫我上了
一課。

03
—

富 足

　　富足與金錢，是不對等的，但多數人總把懂得過生活的
步調與物質的富裕型態畫上等號，會這麼扭曲誤解，多半
是沒機會讓自己當個自給自足的探險者，無法體驗過程中
在內心產生化學變化的細密情感交流。

這些年來，一切靠自己的自給自足旅居方式，從爬文做功課找資料，累積網路上挑選住宿公寓的經驗值，為了突破交通工具而再次重新學開手排車，升級原有的開車技能，摸索如何在當地超市食材挑選提昇烹飪廚藝⋯⋯，這些，林林總總的細節都靠自己獨立完成，因為，這是我自己的生活。

每個人都是獨立的個體，面對的考驗和困難都得認真面對，才能學會如何昇華自己的人生。

家家有本難念的經，這本經可是別人代替不了的個人功課，只要體驗過自助旅行的人都知道，旅行中還得隨時解決意想不到的危機突發情況，可能是班機時間變動、天氣因素而行程有了變化，或是找了旅伴還得用力適應因彼此生活習慣不同而產生的情緒和窘況，這些，都是每一趟看似令人羨慕的旅行中，所發生的日常。在部落格，我只分享心情，並不會把過程細節逐一公開分享，因為我知道最

後得到的經驗值，只存在自我內心的感受之中。

也許外界人士因為我過往在媒體上光鮮亮麗的報導而總把我定位成名媛貴婦，但各位可知道，那些只是職稱的一種，並不是代表一個人的全部，價值觀對每個人來說意義不同，無可否認，金錢對過日子是必須存在的元素之一，但不代表生活必須要為錢而活，因此就算有錢沒錢，我都追求生活有個人風格和步調。

每個人的氣場裡都藏著走過的路，讀過的書，看過的風景與愛過的人，因此要更大膽地咬著牙堅持相信正面的信念，上天的安排很有巧思，會不知不覺把你帶到無限精彩的地方，外在的生活樣貌千變萬化，但豐儉由人，風清雲淡卻紮實過日子，自然就會活出連呼吸每口空氣都覺得自由和富足的人生。

04

壓力是學習
的動力

　　我永遠記得許多年前第一次被指派代表公司上節目介紹產品，那是我第一次走進電視台攝影棚內面對著鏡頭，戰戰兢兢的緊張感覺，帶著生澀的肢體表情和緊張卡喉的口語表達，攝影師喊著 321 倒數喊 action 後，就得靠著自

己的臨場反應，在主持人與現場來賓的對話間，把握機會替自家商品做宣傳。

　　我因為緊張而引發的失眠狀況，會從節目開錄前開始延續到節目正式放映播出後的那一個晚上，開錄前是為了做準備而緊張失眠，還沒播放前則是不斷地認為當中的環節可以表現再好一點而內心覺得有點懊悔，播出後則會一遍又一遍地逐一檢視表達的講話方式和肢體動作，面對鏡頭我天生就覺得膽怯又害怕，表演與表達是我最不擅長也不熱愛的個性特質，因此在每一次的錄影前我都感到無比的緊張，壓力大到一直不斷覺得自己表現得很差勁，但上天好像都是很巧妙地分配給每個人不同的課題，因此我很認真地去學習克服弱點，把產生的這股壓力轉化成為我的成長動力。

　　因為自省，就為自己多增加了些成長和修正的空間，從各個角度檢視表現行為，會有質疑、否定、肯定的多重辨

別情緒產生，我就是在這當中找出每一次的癥結點，一次
又一次替自己提升進步一些，許多時候就是因為開啟了探
索自己的可能性，藉由壓力的輔助幫忙，push 自己一把
才會達到連自己都想像不到的可能性！

　　讓壓力成為勇敢力，善用這股壓力，扭轉自己的命運，
多年後的我在這互聯網時代百家爭鳴的生態下，從在臉書
直播的開始、自己學會影片剪接和編輯，進而擔任了「滔
客 Talk TV」節目主持人，所以我更可以肯定自己擁有扭
轉命運的可能性，是我選擇了乘著這股壓力順勢成長，努
力爭取意想不到的人生故事延續可能性。

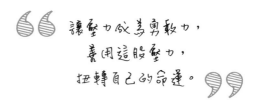

讓壓力成為勇敢力，
善用這股壓力，
扭轉自己的命運。

05
—

善良
是一種選擇

　　人其實天天都在選擇，輕重緩急的程度可大可小，微小至從早晨起床眼睛睜開，選擇要吃穀物健康早餐還是喝杯咖啡加糖與奶精來裹腹充飢？出門開車在大馬路上要開慢車道還是快車道？今日前往赴約的會議要以堅決的態度還

是隨機應變的彈性做決定？甚至連對自己人生大抉擇的判斷當下都在做選擇，只不過是事關重大影響的程度而已。

　　在人生轉捩點的重要時刻決定宣布公司暫停營業後，外界所不知的是，有著排山倒海而來的後續抉擇在等著我去做決定，在每一次的衡量評估與互動的過程中，我逐漸摸索出一套邏輯——

　　在社會職場與家庭關係，過度大方的善良有時是種無原則的後果產物，做每一種選擇的當下其實都是在妥協和退讓之間做衡量，從小就被灌輸著「吃苦當吃補，若是遭受到不公平的待遇就是一種磨練」的觀念，所以我被教育成應該「當一位好人」，但忽略了當好人並非從不拒絕別人的請求，無論多麼不合理的要求都被大腦歸納為「就應該這麼做吧」，於是逐漸地，我時常被發好人卡，長時間累積了好人卡之後，我演變成為一位濫好人，是恩典還是傷害我都一律照單全收。

就當一切都變得理所當然後，我才驚醒，原來我的懂事竟然是一直被糟蹋著，並且不懂得反擊和保護自己，尤其是當一個女人承載的不再只是難以面對的錯誤，而是遠遠超出了單純的負擔，承擔自身的錯誤可以選擇自責或自我傷害，但面對深愛的人犯下的錯，我也不忍苛責，甚至無法啟齒地孤獨承擔痛苦，那才是真正的扎心。

年輕時居住在東京的那段時間，我的生活很當地，是與日本人文化脈絡完全串接著過生活，因此日式的傳統習俗禮儀對我的影響很深，加上因為我從小是阿公阿嬤帶大，他們是屬於受日本教育的背景年代，男尊女卑的文化是很理所當然的相互關係，例如：男主外，女主內，阿嬤是很傳統的女性，就是日本阿信的那種類型，煮飯洗衣三餐打點和照顧小孩的零瑣事務是理所當然。

我從小到大的餐桌吃飯記憶裡，阿嬤一定是那位主動幫阿公盛白飯的老婆，而且一定要幫全家人收拾碗筷的人，

分工合作、平等對待和體諒的關係是不存在的，於是在我小時候就一直被灌輸這樣的觀念，長大後從年輕時的談戀愛階段到步入婚姻生活，與另一半互動我也是「以夫為天，以子為貴」作為準則，時常憋了一肚子的委屈卻從來沒有出口可以宣洩。

在忍不住情緒很想哭的時候，我習慣把整個臉埋進水裡，因為身體本能反應的關係，眼睛在水裡時會自動閉上眼皮，就可以止住淚水，如果淚腺控制不住地想流淚，在水中也很難分辨淚與水，這種習慣動作讓個性獨立的我，可以一次又一次撐過最難過的時刻。

人總是需要經過孤獨與難過才會懂得堅強，我花了很長的一段歲月才懂得學會善良是不可以大方過度，傷自己最深的方式其實就是無原則地選擇一次次原諒、妥協和退讓，才讓一切都變得理所當然。

　　時常在撐不住想舉白旗投降承認自己也有女人懦弱膽小的時候，上天總是又再加強困難度，後來我才發現原來當情緒在低潮谷底時又受到重擊，有時就是一股力量強迫自己要去面對最軟弱的缺點，並知道其實選擇善良的奉獻付出並不是一種錯誤。

　　女人既然走入婚姻家庭必然會經歷漫長的考驗，走過一關算一關，把觀念放空和跟著環境而改變與學習，不再選擇無止境壓抑著讓自己困在忍耐的情緒後，我的內心有了一百八十度的轉變，竟然發現我不用再忍耐做討厭的事，反而變成只和真正喜歡的人事物互動，決定只做自己喜歡和心情愉快的事，殊不知這樣竟間接再次點燃我對生活的熱愛，讓我重新找回當一位好人的信念。

66 懂得學習拒絕和愛自己之後，
我終於有能力去愛身旁該愛的人。 99

06

知識和閱讀
可以在谷底
時救你一把

　　學校成績不好沒關係，有可能是因為沒興趣而不想唸書；
職場工作表現不好，也多半是沒從中找到興趣，還沒找到
點燃熱情的動力而已；但當遇到人生重大挫折深陷低潮
時，思緒的結沒解開，很多人會抓狂受不了而去自殺，我

在部落格的文字分享中也坦承在那段低潮時期，曾多次想放棄活下去的勇氣，也很納悶：人生活得這麼辛苦，活著到底是為了什麼？

心已冰冷的時候，對於外在的情感加諸是關懷還是沈重，對我來說其實已聽不進去耳裡，眼前可以走進我心裡的，就是大量的書籍閱讀，廣泛涉獵的範圍可以從心理分析到財務，武俠小說到時尚設計。

就是因為從各界領袖的分享觀點，字裡行間之中總會有幾句道理用得上，別人的學問裡面早已濃縮甘苦轉化成經驗之談，把職人的見解主張融會貫通運用在自身的挫折失敗經驗上，其中得失長短就能夠很容易看出來，也漸漸更容易分析生活面中哪個見解淺薄，又有什麼轉機可以讓我重新翻身，究竟這個人講的話是想落井下石，還是哪個方式可以創造機會？

因為知識與閱讀讓我把一切深入淺出的層次重整，當思精理熟之後，心穩了，自然就找到出口，知道未來的路要往哪個方向走。

因為我深知閱讀和知識對我的影響力很大，我也將這麼奧妙的力量帶入了阿嬤的生命裡。

近幾年網路的發展顛覆了這個世界，打電話的聯繫方式可以透過互聯網視訊，我很想讓她參與便利又能帶來樂趣的方式，但年紀這麼一大把的阿嬤早已和科技的時代脫節，想要學習和變化總是需要有個樞紐點，我先用情感的方式點燃阿嬤對觸控平板的學習熱情，因為讓她嘗試打視訊可以立即解思孫之愁，從步驟一「打開電源」、步驟二「點一下快捷設定就可以打視訊」、步驟三「結束時再按一下」，我把步驟簡化並反覆操作讓阿嬤熟悉。

77 歲的她「因為愛」而願意學習，這股動力讓她學會

打視訊，也時常到我的臉書粉絲專頁按讚隨時追蹤我的動態，只為了看我的日常生活在忙什麼，現在的她會用平板追劇和看新聞，最有趣的是她也會玩線上手遊，有時她還會因為在臉書社團中讀了某位佛法道理，覺得對我有幫助還轉述給我聽呢！

知識和閱讀可以用有趣的方式提升自己的學習能力，它需要長時間的耐心深耕，才會在某個時刻點開花結果，而甜美的果實就是讓人產生可以做出改變決定的勇氣。

改變的勇氣必須保有獨門的風味，屬於自己的歷練就藏身在舉手投足之間，也因此才有可以翻轉人生的力量。

 後來我學會有一種「得」，
是就算失去一切重新來過的
日子裡也能活得愜意有格調。

07
——

信念的
臨界點

　　倘若心無敬畏，秩序就會一定大亂，就連給予的自由都成了沒規矩，虛無和毀滅會一步步入侵，失去秩序後的無助防不勝防地湧入心頭，那是一種不踏實的時刻，而且令人感到害怕。

多年前，曾經在法國南部尼斯附近的小鎮住上幾天，隨遇而安的旅行規劃是我固定的習慣性。有一天，在鎮上用完午餐後，與餐館老闆閒聊，他推薦去前方的漁港租一艘小船出海看看尼斯的蔚藍天空，我毫不猶豫地就移動前往漁港尋找出租小船的攤販，詢問之下竟發現在南法租船的手續簡易到彷彿是在租借 Ubike ！

出示了國際駕照之後，付了些許金額的租船費，船屋老闆便把船的鑰匙給了我，指了指遠方的一艘小船，並祝我 Bon Voyage ！（法文，旅途愉快的意思）

就這樣也沒想太多，出乎意料地租借到一艘船就出海，這旅程情節的轉折點讓我感覺有點不真實，也有點夢幻，摸索了好一陣子，終於成功把小船開出港口，豔陽大海中看著藍天白雲和越來越渺小的海岸線，可能遠方有大船經過或是海上起了點波浪，原本悠哉徜徉在小船上的我握著船舵，突然感到一種恐懼的失控，因為無論我如何使勁地

控制方向，茫茫大海中依然感覺自己是如此地渺小，並且開始胡思亂想著海嘯來襲的電影情節畫面，想著想著便對大自然的力量感到敬畏，若是上天安排我的人生句點劃在此刻，我應該也無力抵抗了。

對於信仰，我從小跟著阿嬤上佛堂聽講道，長大後因緣巧合地認識了耶和華，對於宗教傳達中的寓意，我總銘記在心，在我人生最低潮的時候，許多次我總在陪著家人幫往生的長輩們誦經和去教會聽著詩歌旋律時，頓時找到寧靜的時刻，後來我領悟到，信念對一個人有多麼的重要，在最無助失落時，若是對生活存有敬畏與正面的信念，就會有活下來的勇氣。

失敗與挫折發生在生命裡，一定有背後的意義存在，此階段的我，依然與日子奮鬥中，但卻感到無比的知足，因為在最辛苦的那段日子，**眼前夠黑暗我才能夠看見微光的美，寂靜中才聆聽得見美妙的脈搏聲。**

　面對低落的時候，我們需要做的是反其道而行，不是去對抗反駁，而是平和地去接受它的來臨，無論生活有多麼苦不堪言的難堪，現在的我，依然熱愛生活，熱愛身為女人的特質，熱愛美的視角。

08
—
爛 好 人
就 是
對 自 己 殘 忍

「可不可以幫我安排一下節目行程」、「拜託幫我買個紀念品」、「朋友一場嘛,幫我順便廣告宣傳一下」、「喔,對了,那個朋友在問,你就順便幫他弄一下嘛」……諸如此類的,我總是體諒別人,多替別人擔心考慮,即便其實

一點也不順便、一點也不方便、更沒有多餘空閒的時間，
但我老是不自主地回：「OK！好！」

　　一直以來，我太不懂得如何拒絕，沒有多大的勇氣回答
「NO」，大多時候都讓人予取予求；漸漸地，所謂的好心
幫忙，似乎變成如同空氣般一樣，好像是理所當然的存在。

　　也許有人感激，會說聲謝謝，這時還會感到些欣慰，隨
著年紀的增長，也稍微懂了些人情世故，漸漸釐清腦袋瓜
思考邏輯，而「時間」是最好的工具，因為它經得起考驗，
讓人看懂了人心。

　　真正愛的、懂的、關心的人，其實大多都不會輕易為難
人，那些把話説得特別動聽，事事都特別出奇地殷勤，大
多都是懷著壞心眼，抱著欺負人的心態，才會提出「拜託
啦～」的需求。

當然，交情好的人是例外，因為真正的好朋友，不會在乎那些雞皮蒜毛的事，然而我常常遇到某些情況，幫了忙，本來就沒打算別人會感激，但最後還被別人邀功，不免有一長串 #※@&# 在腦海裡跑馬燈閃過。

真的沒禮貌透了！就算踩著別人的肩膀上了天，好歹也說聲謝謝好嗎？雖然，踩著別人這件事本身就已經很沒禮貌了。

這情況就好比說：為了買到某間好吃的銅鑼燒，特別跑了一趟，並且花了 3 個小時排隊，大熱天裡，滿頭大汗在外頭排隊，衣服被汗水沾濕、臉上的妝全都花了，好不容易拎著熱騰騰的銅鑼燒戰利品回來，最後銅鑼燒卻被別人拿去借花獻佛送給別人，最氣人的是，這個人送禮時還要嘴炮：「厚！這銅鑼燒可是排隊排了 3 個小時才買到的！超難買的！這是當今最夯的下午茶！」 最後，收到禮物的人，還萬分感激那個嘴角都是泡的人……

對，這社會裡把別人的苦勞當作自己功勞的人很多，與其要怪別人，不如想想自己為何老是要當那個爛好人。

做人很難，但就是因為難才需要不斷地一直挑戰自己，雖然一直以來常被人發爛好人卡，沒關係，記得要從每一次的「爛好人」經驗裡學到，「原來我就個被濫用的爛好人」，努力當一位懂世故的好人。

於是，我漸漸不再照單全收發出每一張好人卡，守住個人原則的底線。只不過直到現在，此刻的我還是選擇不放棄當一位好人，只是不做爛好人而已。

CHAPTER

微笑吧，女子力

4

∵∵.

01

旅 行 的
職 業 病

    在各地旅行的時候，我的職業病總是隱隱發作著，也許是熱愛的成份多過於工作的職責，逛家飾店成了我的習慣嗜好，收集各種勾勒極簡感官又有購物慾望的視覺陳列，不知不覺就成了一種興趣，大概就像收藏品般的那種趣味

性，仔仔細細地一枚一枚收納填入記憶的圖像中。

喜愛和理想，總是需要反覆練習嘗試和吸收新知識，才逐漸一步步地雕塑出理想中的畫面，這畫面該是什麼模樣，是過分的精緻高雅？還是刻板的嚴肅？反覆練習與揣摩想像或是參考學習，就如同女人開始學會打扮化妝，買衣服總得先從逛街試穿衣服開始，知道什麼樣的尺寸適合自己，剪裁需要哪一種方式才能修飾身形藏拙並展現出最美的一面，進一步開始翻閱雜誌、滑手機看影片教學，吸收最新最潮的美妝新知識，為了讓自己變得更美，也不知不覺會在街頭欣賞路人的打扮，說穿了，一個人的 Style 不就是這樣一點一滴雕塑出來的嗎？

從策劃到 OUIFIE 品牌誕生的那段日子，獨立創業的辛苦自然不在話下，跌跌撞撞中面對著現實的考驗，必須得說，每天我都是在挑戰自己的極限，一刻都鬆懈不得，雖然我也好想喘口氣，但若不在這個契機點一鼓作氣衝出困

境，我擔心我會嘆氣一輩子，所以即便困難重重我還是不放棄對夢想的堅持，從迷惘的困惑中摸索著思緒。

就如同手中握著原貌的棉花，我不知眼前這朵棉花它可以替我創造出什麼未來，但我依然相信。現在的我，可以比以前更肯定地說，手中的這朵棉花，它可以被抽絲成為纖維，織成柔軟的布匹之後還可以用最天然原始的面貌傳達藝術的美感，並且揉合工匠錘鍊的溫度，用平易近人的設計觀點化身成為每天都可以睡覺、每週都經得起洗滌烘的寢具布料。

對於身處在職場的零售事業中，我並不感到陌生，尤其知道市場的喜好變化轉換速度很快，尤其有了電商的加速器，變得更加難以捉摸，要跟上市場的腳步，自修、研究、分析，功課必須得做足，或許我的人生中途上演了一場曲折戲碼，逼得我無路可走，不過也是因為這場難得可貴的逆境，讓我產生一股前所未有的動力，讓我可以認真重新

檢視自己，並仔仔細細琢磨自己在市場內佔據的優與劣，也把遙不可及的歐洲居家生活概念化身成容易理解的觀念，做到與世界各地的無縫接軌在地生活化。

對大眾婦女而言，除了生活上的煩惱和憂心、家裡的水電費繳了沒有，還有三餐的打點，更重要的意義是如何替自己圓夢，打造出一個舒適的居家生活空間品質。

我可以斬釘截鐵地說：「在地生活的旅行模式，就是累積美感和經驗的最佳方式。」，旅行中看到的擺設陳列、店家風格、住宿的公寓擺設……都可以當作借鏡，切切實實地看到什麼模樣才是心目中的理想佈置。

想去蕪存菁吸取職人的經驗學問，首先得先放空自己才能裝得下新知識，蹲低姿勢、放慢腳步，用學習的視角開始著手，當經驗累積到某一個程度的時候，自然就懂得順手拈來對色彩和配色美學的一套自我理論。

　　對我來說，逛街看陳列不僅僅是累積美感、學習經驗而已，我其實是找尋內心最喜愛的家的模樣，而家對我來說就是心的避風港，我愛在自家的臥室內可以鋪上樸實又優雅的純天然植粹棉寢具，讓居家空間內隨時都瀰漫著舒服迷人到不想出門的氣氛。好好地用心過生活，旅行時放慢腳步吸收學習，回到家自然可以流露自我的生活風格態度。

　　下一趟旅行，放慢腳步，我們一起找尋內心對家憧憬的模樣吧！

02

傳統市場
教我的
那些事

食如其人，張揚還是平淡，都是美食的表現，美味可以
用舌尖味蕾來品嚐，但吃不到的是內含情感的氣味。

我很喜歡帶著孩子一起摘菜、洗菜、切菜、聞著烹飪中

的飯菜香，空氣中飄揚的氣味是一種很真實的人間煙火味，讓我能從工作的忙碌和壓力裡被釋放。

記得剛結婚後學習洗手羹湯的日子，要安定生活總得先解決三餐伙食的柴米油鹽醬醋茶，走進家附近的台灣傳統市場裡，我有種兒時記憶的熟悉感但又對它感到陌生，物換星移，我不再是被牽著手逛傳統市場的小女孩，而是成了得自個兒學著要如何挑選食材的買菜主婦，還得研究要幫家人們準備的菜色。

只不過菜鳥主婦走在傳統市場裡確實是吃虧了些，菜價總是買得比別人貴，食材品質挑選也不見得比較優，每回走進傳統市場都覺得自己渾身上下像極了旅行的觀光客任人宰割。一日我去逛了連鎖品牌的超級市場發現了一項驚人的事實：「在超市內買菜更划算！不用殺價、有冷氣吹、環境好又便利！」（很像偵探福爾摩斯發現了新線索般的恍然大悟）

接下來很長的一段時間，我與台灣的傳統市場較像有緣無份地彼此保持距離，但是仍舊貪戀市場的豐饒意象，於是國外出差和旅居歐洲時，總會特別選在週末假日時去逛逛市集，再過了幾年，在孩子成長需要吃副食品的階段，我開始重視食材的挑選和原味烹飪的技巧，因為新手媽媽總是特別勤勞嘛！出生的第一個孩子就照書養，所以我開始到處向人請教絞肉該挑選哪個部位，蔬菜的種類哪一種富有營養價值，這股母愛的力量讓我再次嘗試走進了傳統市場。

也許年紀稍長，經過職場的歷練，與人對談的說話技巧也不同，我在傳統市場內與攤販老闆多了些互動，買菜的時候會先主動詢問：「要給嬰兒做副食品的話，要挑哪一種比較適合？」台灣獨有的人情味在這節骨眼特別濃厚，多半對方也是家中有小孩的關係，彼此會多了份情感的同理心，所以會多聊上幾句，像是「小孩多大了？」「是用來熬湯還是做菜？」諸如此類的話題，人與人的互動就是這樣開始的。

　　後來隨著網路科技的進步，在傳統市場內會看見攤販老闆把自家的 LINE QR code 貼在攤位上，好方便用即時通訊軟體聯繫溝通，可以幫熟客保留食材，也因此我開始熟悉了傳統市場的生態，懂得傳統人情味的互動往來，漸漸地我的手機內多了許多攤販老闆的 LINE，甚至還意外收獲結交成為好友，若是消費額滿一定的金額還可以享有免費宅配服務，同時連市場內的左右鄰舍攤販採買的食材也一塊送到府。

　　在他們身上，我看見最佳實體與網路的線上線下完美結合，把這份難能可貴的生活體驗化作自身的經驗值，這堂在傳統市場內學到的課，比報名參加職場受訓的演講還要來得精采生動些。

03

—

懂得
簡約風格
連發呆
都是享受

　　在歐洲許多國家，例如北部的挪威、丹麥、瑞典、芬蘭
及冰島等具有藝術風格代表性的國家，因為地理位置在北
極圈附近，氣候非常寒冷，有些地方還會出現長達半年之
久的「極夜」，黑夜時間長，白天時間短，物資缺乏與生

活的不便利，人會有求生意志而轉變生活型態，開始發揮創造力，也激盪出家居生活的藝術感。

比方說，許多人時常嘴上嚷嚷地說：「我喜歡北歐風，很嚮往那股清新自然的設計風格和生活步調。」，於是忙著裝置北歐極簡設計的家具，卻把客廳、臥室、廚房、浴室等居家空間大量塞滿各式各樣的擺飾用品，忘了幫空間留白；其實把北歐風格真正落實，就是將藝術與實用結合，讓居家呈現出更舒服、更有人情味的模樣，再添加一些文化理念，加入生活運用，會更加符合現代人在高壓生存環境中的需求，轉變成迷人的北歐簡約風格。

與其想像生活在他方，其實生活的日常美感與藝術氛圍，並不是遙遠的那個國度，而是分分秒秒地在生活中，並且可以帶領孩子一起，在日常生活中、從有趣的藝術創作中找到歡樂，我喜歡和孩子在週末一起換床單、做家事、打掃房子、分工合作料理煮飯，這些都是從和諧互動中創造

出的生活美感，而且是一種很富足的生活享受。

　　享受生活的方式有很多種，花時間陪伴愛的人，手牽著手才會有溫度，對我而言，家人、朋友、自己，都是需要用情感與溫度的交流作為串接的核心，有了這份深厚的聯繫，才能認識到真實的生活與活下去的意義，即便柴米油鹽醬醋茶會耗盡所有的力氣，但品味會產生力量抗衡真實難免會帶來的殘酷，然而，**我始終認為，能用微笑面對生活的困難，用品味填滿生活的空虛，是一種昇華的成長。**

　　生活過於便利的步調，缺點是容易忘了簡樸的好，不用太過刻意，**乾淨、簡單、自在的風格，讓我無論身處在何處，都能把生活過得像旅行，旅行時也像平日的生活。**

Becky 隨手畫

55 rue Charlot. 75003
Paris

04
—
女 人
妳 值 得 把
生 活
過 得 好

　　對於巴黎女人，大家都有個制定印象：好優雅、會穿搭、有個性、身材纖細；是的，大部分的巴黎女人真的就是這個模樣，即便升格為人妻、人母，也要懂得時尚品味，對於吃要講求健康，生活要懂得品味，日積月累下來，就會

成為散發自我風格而且優雅的巴黎女人。

旅居巴黎的這 10 年時間，住了巴黎左岸右岸各區公寓，結交了許多法國好朋友，深入體驗當地的生活步調，了解巴黎的文化，吸收了法式的生活美學，在每一次的巴黎出差旅行，我努力吸收這一切精華，並且把它帶回台北的生活，融入在真實居家型態中。

每個人都會與時俱進地想追求美好的生活，講求質感，提升 CP 值，最好的改變就是生活步調的開始，多數人會羨慕指標性人物的生活品味、穿搭、見解，但實際付諸行動力卻很少，習慣性地把「沒時間」、「沒機會」、「沒那個雅致」當作阻擋自己改變的藉口。

想問一句，踏入婚姻的妳，忙著生活過日子的妳，有多久沒有好好認真吃頓飯，學瑜伽放鬆姿勢「屍躺」地休息？

　　台灣根深蒂固的傳統價值觀，時常不經意就綁架了妳的生活美學，已婚的婦女，時常為家人、為另一半、為了小孩，很貼心地削了一盤水果放在桌上給家人吃，但自己都是吃那個切壞的、剩下的部分，芒果籽、西瓜皮、木瓜皮……大概都是婦女們最常吃到的水果部分，小孩總是遠遠的看到媽媽在廚房吃芒果籽的背影，或是在餐桌上負責清光剩菜的身影，假如在家人眼中或自己心中都無法活出漂亮優雅的模樣，還能期待在別人眼中是美麗的自己嗎？

　　好好地優雅吃飯，仔仔細細聞出米飯的香味，蔬果的香氣，好處其實很多，一來是無形之中會少掉很多囫圇吞棗的熱量，二來是色香味五感兼具會有心情療癒的作用，即便連家中廚房內最不起眼的蔬菜，也可以拿來當作居家裝飾的擺盤，做菜時方便拿來使用，同時讓日常的眼睛看到美麗的視覺，質感也會提升一些，對於美感的品味，很簡單，就從生活上的小細節開始做起。

步入家庭，對於女人多少都有些思維上的影響，然而這樣的妳，妳欣賞、妳喜歡、妳 enjoy 嗎？如果答案是百分百肯定，恭喜妳，找到人生的目標；如果答案是 yes or no……模稜兩可的猶豫，請告訴自己，要懂得愛自己、照顧自己、欣賞自己，那樣的妳才會迷人！

「已婚的女性不該像日劇阿信般那樣吃苦耐勞，任勞任怨，而是漂亮地活出自我態度。」改變並不難，只不過一開始需要多一咪咪的毅力和動力，選個夜深人靜的晚間時刻，泡個澡、看本書、聽點音樂，別急著滑手機追韓劇，急促的生活步調，讓人容易疲倦，如果生活少了那份熱情的支持，妳的生活還剩下什麼？

找到自己的平衡點，替自己的生活添加一點美感，不必舉家移民到法國巴黎，女人其實需要的只是一點點從容優美，而且懂得品味生活。

審美觀標準

　　在人生低潮的那段期間，曾經有次與許久未碰面的閨蜜好友見面，她見到我的第一句話並不是問我最近過得好不好，脫口而出竟是：「天呀！Becky 妳看起來糟透了！」後來，我藉由上廁所的名義去檢查當日的儀容，從鏡子裡

仔細瞧瞧是穿著還是妝容哪裡出了錯，但我卻完全沒察覺自己的外觀打扮有任何的缺陷，我回到座位上並問了她：「妳覺得我哪裡看起來糟透了？」

她説：「我們是一起長大的，從十多歲我們就一起開始學化妝打扮和踏入社會，這次碰面距離上一次見面大約相隔 2～3 年，相較之下看起來有很大的落差，以前的妳渾身散發出自信，每一吋肌膚和打扮都覺得精緻，今天的妳看起來憔悴沒活力，雖然我們碰面相見不需要多麼精雕細琢的打扮，但妳確實看起來有點懶散邋遢。」

當下我有點不服氣，我説：「經歷這麼大的挫折失敗，每天還要打點三餐和照顧小孩，我哪有年輕少女時源源不絕的時間和精力照料自己。」雖然表面上嘴硬不承認，但回家後接下來的那幾晚，她的那番話讓我陷入了另一個沉思，花了些日子才恍然意識到，原來她是發現了我對自身的美不重視，原來我需要的不是對生活上發生的所有事

情都理解和剖析分析，而是需要自己打起精神重新出發才對！從那時刻開始，我學著調整步調和愛自己，突然像是發現新大陸，原來我自己也能有呵護自己的本事。

面對周遭的打擊，別人的質疑，崩塌的生活型態和排山倒海的壓力讓我內心幾乎死過一回，既然選擇重新振作，**面對最醜陋的傷疤，我必須不畏懼直視才能自己療癒傷口，於是我讓自己重新做回了女人，而不再當個不拘小節的女漢子，不再侷限在被自己設下的框架中壓抑地生活，**我開始放慢腳步放過自己，不再強迫自己要當個拼命三郎，而是從自身的肌膚保養細節、妝容服裝打扮、慢食享受用餐和下廚煮飯中找到生活的真正樂趣。

老實説，我也時常質疑自己行不行，過多的自卑情緒幾乎淹沒了所有思緒，經過一次又一次的練習疼惜自己，現在的我發現已經不再那麼在乎別人贊不贊同這件事，畢竟自己溺水有沒有人救，會不會游泳自救才最要緊，這些微

小的念頭可以從每一天、每一刻開始轉變，永遠不嫌晚，善待自己反而是給自己一些不同的力量，找到救贖的方向。

　我也學會，當人生低潮失落的時候，並不是絕對的壞事，把這股情緒化作動力，也是挺好的一件事。

06
—

女 子
很 有 力

在網路上有一段話，是這樣寫的：

你給她一個精子，她給你一個孩子
你給她一棟房子，她給你一個家

你給她一推食材，她給你一頓晚餐
你給她一個微笑，她會給你整顆心

當別人不相信我可以，我一定要相信自己可以辦到，並
且不讓任何人告訴自己能不能！

假如男人說：「妳別工作，我養妳！」，要相信自己絕
對享有被養著的幸福，但絕對不被養廢了。

女人自古以來就已經被滿滿的教條戒律跟道德規訓塑造
了根基思想，這儼然是扼殺心智自由發展的阻礙，但生活
中並無前例可循的人，選擇走向與身旁都不同的道路就容
易顯得異類突兀，因為多數人都是盲從跟隨著一般意見而
判斷，但要打破現狀環境的窠臼有多難？老實說，很有難
度，耳邊諄諄教誨都像是緊箍咒約束了每一個想法，深諳
矛盾的力量，在制式規範與探索內在之間抉擇，我惆悵著，
迷茫又納悶，為什麼從小就都沒有一條教育原則是：女孩

應該要先好好照顧自己，不要依附在別人的情緒反應中殘喘地活著？尤其在沙文主義籠罩的生意職場上想存活，必須以更柔軟的姿態、細心的籌備，才有優點發揮的空間。

女性在職場上多半是被排擠，說是被打上隱形的效果也不誇張，於是逼得大多事業有成的女性必須以強勢型態呈現，我了解自己的本質個性無法以超強氣場震懾，於是往往得花上雙倍的力氣去爭取一席之地，周旋於職場與家庭生活到底要如何兼具，關鍵在於「時間拿捏佔比與使用效率問題」，魚與熊掌不可兼得，不為事事錙銖必較，雖然不盡所意，但也自己開啟一片天的可能性。

身為女人，邁入了婚姻，有了孩子，走過全心投入照顧幼兒嗷嗷待哺的階段，即便辛苦但同時也培養了纖細的心思，訓練邏輯思維，對於大大小小的事情便懂得要周全的安排，平日裡光是滿足孩子的各種不合理需求，例如：24 小時上工隨呼隨到，不合理的哭鬧要求還是必須想盡辦

法安撫，養育小孩本身就是全世界最幸福與最具挑戰的任務，若是我都可以苦中取樂，那麼在職場中，哪還有什麼困難可以擊垮我的呢？不過前提建立在：目標方向清楚了，做什麼事情再辛苦，心裡也會認為值得了。

在創業 OUIFIE 的初期階段，日日夜夜一刻都不停歇地從商品規劃、國際物流、商品包裝……種種細節逐一完成，但另一頭我還得思考著該如何將一個新創品牌讓消費者認識呢？從一篇又一篇的部落客文章詳細介紹，不辭辛勞拜訪實體通路，想當然爾，吃閉門羹碰一鼻子灰是家常便飯，但那些挫折反而成為我最好的修正指標，當最茫然的階段，若是沒有一定的答案遵循，那反方向的打擊就成了我最佳的試煉場。

就這樣因緣巧合的機遇下認識了「窩們」，在這裡我發現了一群契合的女性，為了追求夢想生活都不願意向嚴苛的現實生活妥協，讓我在獨鬥打拼的創業初期中找到了一

份歸屬感，與她們溝通想法不需要花太多的心力，反而是那種連徒費唇舌的溝通時間都省了，因為我們想的都一樣，要如何團結在一起互助與共好。

我們彼此都帶著興奮的頻率，把自己拿手的絕活在臉書直播和網路影片裡用著大家能聽得懂的語言表達分享，也在這個地點有點隱密性卻又像是個人工作室的空間裡舉辦了一場有趣的巴黎流動饗宴派對晚餐，並且還將寢具化作女人們都喜愛的布料體驗藝術展。

這真實上演的一幕幕情景，都是在想法未落實之前我無法想像的畫面，正因為遇上了困境，才有了創造新事物來重新編織生活的可能性，我又再次把「完蛋」變成了「彩蛋」！

07
—

對 生 活
有 感 的
換 床 單 運 動

　　許多人時常問我 OUIFIE 這個品牌怎麼唸，這回來到巴黎工作有了新發現，巴黎人都習慣把網路 WiFi（歪法）唸成 OUIFIE（ㄨ一　ㄈ一），這個發現讓我更容易為大家解釋 OUIFIE 的正確發音。

其實，本來 OUIFIE 這個品牌名字是取自法文的 Oui（英文 Yes，肯定的意思），加上源於網路新字 Selfie 的「fie」，是向自己肯定的寓意，意外地湊巧與巴黎人的網路 WiFi 法文當地發音一樣，「人生永遠有著出其不意的事情發生上演著」，就這樣我決定了新品牌的名字。

這世界已產生太多的塑膠與垃圾，我很堅持支持多使用環保購物袋，少用一點塑膠袋，創立 OUIFIE 的初衷也是設計讓包裝極簡一點，講究生活品質多一點。

床是我們每天辛苦工作之後，可以放鬆躺下來，好好休息補充能量的地方。舒適的睡眠環境有助於放鬆心情，提高睡眠品質，**一張好的床，一組天天磨蹭著都覺得舒服的床組，是我最想寵愛自己的方式。**

一般家庭比較常用的床包（fitted sheet），四周都有縫上鬆緊帶，只要套上去即可，相對方便。另外還有一種平

單（flat sheet），顧名思義就是一塊平整的布，由於沒有尺寸的限制，適用於各種大小的床墊。

平單只要平鋪於床上，再將多餘的塞進床底下就完成了，看起來好像不難，不過相信有經驗的人都知道，想要鋪出飯店裡的完美直角，可沒有想像中簡單唷！

家政婦魂很嚴重的我，愛整燙衣物、寢具，只要布料類我都喜歡燙得平平整整的，單純地覺得這樣很療癒。週末換床單，也是一種與環境和諧互動的生活美感。布料可以觸動療癒的視覺，換床單是有感的行動，生活就是要對空間有感、對日常飲食有感，動動身體洗床單，也是消耗熱量的一種健身方式。

我喜歡每週把床單被單洗得乾乾淨淨的，鋪得整整齊齊的，其實，把一張床鋪好，沒有那麼難，我在部落格裡有分享鋪床的「眉角」，在這裡也跟大家再分享一次這個日

常的小技巧。

首先，要拉出直角：將床單平鋪在床上後，重點就在於拉出一個 90 度直角。

然後，要順過裡面：一手拉出 90 度後，另一手就可以順一下裡面的布。

最後，是塞進床底：將多餘的床單，塞進床墊底下。

相信大家出國旅行住飯店的時候，一走進房間看到鋪得舒舒服服的床單，都會覺得很享受，現在，只要掌握我的技巧，你也可以把這種享受帶進生活裡！

記得，對生活保持有感，是自己可以為自己創造的幸福之一。

BeCKY 隨手畫

玩藝 0073

困境用溫柔面對，幸福要微笑尋回
給每一個相信希望、不願輸給自己的你我他

作　　者—Becky 貝姬
封面設計—潘又瑞
內頁設計—Peggy Yang
責任編輯—施穎芳
責任企劃—汪婷婷

總 編 輯—周湘琦
發 行 人—趙政岷
出 版 者—時報文化出版企業股份有限公司
　　　　　10803 台北市和平西路三段二四〇號二樓
　　　　　發行專線　（02）2306-6842
　　　　　讀者服務專線　0800-231-705、（02）2304-7103
　　　　　讀者服務傳真　（02）2304-6858
　　　　　郵撥　1934-4724 時報文化出版公司
　　　　　信箱 台北郵政 79 ～ 99 信箱
時報悅讀網— http://www.readingtimes.com.tw
電子郵件信箱— books@readingtimes.com.tw
時報出版風格線臉書／ https://www.facebook.com/bookstyle2014
法律顧問—理律法律事務所　陳長文律師、李念祖律師
印　　刷—詠豐印刷股份有限公司
初版一刷— 2018 年 10 月 12 日
定　　價—新台幣 380 元

困境用溫柔面對，幸福要微笑尋回：給每一個
相信希望、不願輸給自己的你我他 / 貝姬著 . --
初版 . -- 臺北市：時報文化，2018.10
　　面；　公分 . --〔玩藝；73〕
ISBN 978-957-13-7544-1〔平裝〕

1. 成功法 2. 生活指導

177.2　　　　　　　　　　　　107015406